Sue Atkinson

Sag ja zu dir!

Erkenne deinen Wert! – Lebe vorwärts!
Setze klare Grenzen!
Denk dran: Du bist liebenswert ...!

Die englische Originalausgabe erschien
unter dem Titel BUILDING SELF-ESTEEM
bei Lion Publishing, Oxford
© 2001 Sue Atkinson

Deutsch von Miriam Haag

© der deutschen Ausgabe:
R. Brockhaus Verlag Wuppertal 2003
Umschlaggestaltung: Merle Kersten, Hamburg
Umschlagfoto: Getty Image, München
Gesamtherstellung: Breklumer Druckerei Manfred Siegel KG
ISBN 3-417-11303-2
Bestell-Nr. 111 303

INHALT

Sechster Teil – Das Leben auf der anderen Seite der Mauer

Siebter Teil – Vom Umgang mit Trampeltieren

Achter Teil – Die Mauer wird abgerissen

Neunter Teil – Und nun?

Vorwort

Dieses Buch entstand aus einer Erfahrung, die mein Leben veränderte. Diese Erfahrung machte ich während einer erfolgreichen Therapie, zu der ich mich in einer schwierigen, geradezu niederschmetternden Arbeitssituation entschlossen hatte. Bei meinem Weg aus diesen Schwierigkeiten heraus gewann ich ein ganz neues, gewissermaßen frisch erblühtes Lebensgefühl. Solch eine Erfahrung hatte ich nie zuvor gemacht.

Dieses Gefühl war unglaublich aufregend für mich. Es kam tief aus meinem Innern, und die Veränderung, die mit ihm einherging, war wunderbar. Ich war durchdrungen von der Erkenntnis, dass ich ein wertvoller und kostbarer Mensch bin. Obwohl dieses intensive Gefühl nur einige Monate anhielt, konnte ich dadurch meine selbstzerstörerische Haltung ablegen und lernte ganz allmählich zu sagen: »Ich bin okay, so wie ich bin.«

Ich begann mich geliebt, umsorgt und wertvoll zu fühlen. Diese Liebe, Fürsorge und Wertschätzung standen schon jahrelang für mich bereit, aber bis zu diesem Zeitpunkt konnte ich sie nicht erkennen. Mein Selbstbild war von der Gehirnwäsche geprägt, der ich schon von Kind an ausgesetzt gewesen war: Man hatte mir immer wieder gesagt, ich sei ein hoffnungsloser Fall, zu nichts nütze, hässlich und ein schrecklicher Mensch.

Ich muss allerdings gestehen, dass ich nicht weiß, wie und warum es genau zu dieser Veränderung meiner Gefühle hin zu einer positiven Lebenseinstellung kam. Die Tatsache jedoch, dass es mir möglich ist, dieses Buch zu schreiben, ist ein Beweis dafür, dass diese Veränderung wirklich stattgefunden hat!

Wie alles begann

Vor zwanzig Jahren wusste ich noch nicht, dass mein grundsätzliches Problem meine Lebenseinstellung war – nämlich, dass ich glaubte, ich sei zu nichts nütze und ein hoffnungsloser Fall. Ich hatte nie von einem »geringen Selbstwertgefühl« gehört.

Dann ging ich eines Abends in einen Frauenkreis. Die Rednerin kannte ich nur flüchtig – unsere Ehemänner waren Kollegen. Sie war eingeladen, um als Psychologin über das Thema Depression zu sprechen, was auch der Grund war, warum ich an diesem Abend zu dem Treffen ging. Sie fragte uns, was unserer Meinung nach das häufigste Problem sei, mit dem Leute zum Psychologen oder Psychiater gingen. Ich antwortete, es sei die Erziehung der Kinder, aber sie stimmte mir nicht zu. Sie sagte, es sei ein geringes Selbstwertgefühl. Das schlug bei mir ein wie eine Bombe! Nicht nur, dass ich es gewagt hatte, etwas öffentlich zu sagen, und mir dabei vor allen Leuten widersprochen wurde. Ich hatte überhaupt keine Ahnung, was ein geringes Selbstwertgefühl war. Ich saß da und dachte, ich sei von einem anderen Planeten, denn ich verstand nichts von dem, was diese Frau sagte. Aber dann erklärte sie, dass es bei einem geringen Selbstwertgefühl um das Gefühl der Wertlosigkeit gehe und darum, dass manche Menschen sich für nutzlos hielten.

Ich hörte ihr aufmerksam zu und stellte bald fest, dass sie meine innersten Gefühle beschrieb und dass ich sie sehr gut verstand. Wie konnte diese Frau wissen, dass ich dachte, ich sei bedeutungslos? Wie konnte es sein, dass sie hier saß und mir sagte, was ich fühlte – und zwar besser, als ich es selbst je hätte beschreiben können?

Ich erinnere mich noch daran, dass ich wie verzaubert dasaß. Jemand hatte mir soeben einen Schlüssel gegeben, mit dem ich einen mir bis dahin unzugänglichen Bereich meines Lebens aufschließen konnte. Einen Bereich, in dem ich alles unter innerer Anspannung getan hatte und in Depression und Sorge gefangen gewesen war. Die Gefühle übermannten mich. Ich empfand Begeisterung für das Neue, aber auch schreckliche Angst vor dem Unbekannten.

Wenn Sie dieses Buch lesen, könnte es Ihnen ähnlich ergehen. Sich selbst zu entdecken ist immer aufregend, aber oft ist es auch unsagbar schmerzhaft und beängstigend.

Zwanzig Jahre später geriet ich dann in diese schwierige Arbeitssituation und begann eine Therapie bei John.

Wie es weiterging

John und ich erzielten bemerkenswerte Erfolge, und durch die Therapie bei John lernte ich mich so zu akzeptieren, wie ich bin. Dann ging ich leider zu einer Gruppentherapie, die vieles wieder kaputtmachte. Nach neun Monaten hatte sich mein positives Lebensgefühl in Luft aufgelöst. Ich hatte Panikattacken, die ganze Tage andauerten. Ich konnte nicht einmal mehr mit meiner Familie beim Essen sitzen. Ich hatte so schreckliche Phobien, dass es mir nicht mehr möglich war, ein normales Leben zu führen. Mir wurde daraufhin eine Therapie in einem Krankenhaus in London angeboten, aber das hätte bedeutet, dass ich in einem verrauchten Wartezimmer voller Menschen sitzen musste. Und das war für mich völlig unmöglich. Also musste ich mich einige Jahre allein durchkämpfen. Das war eine sehr lehrreiche Erfahrung für mich!

Dann begann ich eine Therapie bei Ruth (Name geändert). Ganz langsam stellte sich heraus, dass dieses wunderbare Lebensgefühl, gut zu sein, nicht vollkommen verschwunden war. Aber es war auch nicht gerade das stärkste meiner Gefühle. Den größten Teil dieses Buches schrieb ich, während ich bei Ruth in Therapie war; das Buch spiegelt meine Versuche wider, mit meiner zerstörten Kindheit, meinem komplexen Arbeitsleben und den immer wiederkehrenden Depressionen zurechtzukommen.

Mühsame erste Schritte

Als ich begann, dieses Buch zu schreiben, wurde ich von schrecklichen Selbstzweifeln geplagt. Mir fehlte jegliches Vertrauen in mich und meine Fähigkeiten. »Wie soll ich es nur schaffen, dieses Buch zu schreiben?«, fragte ich meine Familie. Meine Tochter sah mich über den Tisch hinweg an und sagte mit ihrer entwaffnenden Fähigkeit, Probleme auf den Punkt zu bringen: »Sag's doch einfach so: Ich kann nicht glauben, dass ihr wirklich wollt, dass *ich* dieses Buch schreibe!«

Ich war so naiv zu glauben, ich wäre, wenn ich dieses Buch fertig geschrieben hätte, so weit, dass ich alles völlig im Griff hätte und dass in meinem Familien- und Berufsleben alles fröhlich und zufrieden funktionieren könnte.

Aber das wirkliche Leben ist natürlich anders. Ich brauchte über sieben Jahre, bis ich dieses Buch zu Ende geschrieben hatte. Zwangsläufig spiegelt es sowohl die »gute« als auch die »schlechte« Therapie wider, die ich in diesen Jahren durchmachte, sowie meine inneren Kämpfe, meine Hoffnungen, meine Träume und mein Versagen.

Ich bekam eine Ahnung davon, was Selbstachtung ist und welche Möglichkeiten es gibt, das Leben zu meistern. Aber ich verstehe diese Dinge nicht so wie eine Therapeutin, Psychologin oder Psychiaterin. Ich schreibe dieses Buch als Betroffene. Ich begann meine berufliche Laufbahn als Grundschullehrerin und beschäftigte mich dann damit, welche Rolle ich als Lehrerin spielte. Dann unterrichtete ich Studenten in Pädagogik und leitete schließlich Seminare für Lehrer über die Theorie und Praxis eines erfolgreichen Mathematikunterrichts. Doch ständig trug ich das Problem meiner fehlenden Selbstachtung mit mir herum.

Die Recherchen für dieses Buch

Im Rahmen meiner Recherchen für dieses Buch habe ich untersucht, wie Grundschullehrer für Mathematik ihre Kompetenz und ihr Selbstvertrauen einschätzten. Und ich fand heraus, dass der Großteil der Lehrer befürchtete, sie könnten ihre eigene Angst vor der Mathematik auf die Kinder übertragen. Viele gaben an, dass sie selbst schlechten Mathematikunterricht erhalten hätten, und gerieten in Panik, wenn sie selbst etwas ausrechnen sollten. Einige dieser Lehrer befragte ich eingehend, und bei allen kam ein geringes Selbstwertgefühl zutage.

Ein geringes Selbstwertgefühl ist unter britischen Lehrern keine Seltenheit, und das nicht nur unter Mathematiklehrern. Wenn ich mit Lehrern arbeite, dann erlebe ich oft, wie entmutigt sie sind. Seit Mitte der achtziger Jahre erließ die Regierung eine Gesetzesänderung nach der anderen. Die logische Konsequenz daraus ist, dass die Lehrer vom verwaltungstechnischen Aufwand überfordert sind und dadurch von ihren pädagogischen Aufgaben abgelenkt werden. Sie sind erschöpft von den vielen Anforderungen, die ständig an sie gestellt werden. Gleichzeitig versuchen sie ihren Schülern ein gutes Selbstwertgefühl zu vermitteln. Es ist überwältigend, das Engagement zu sehen, mit dem sich Lehrer in ihren Beruf einbringen.

Durch die *Depression Alliance* (eine Dachorganisation von Selbsthilfegruppen zum Thema Depression) bekam ich Kontakt zu Leuten, die an Depressionen litten, und ich wurde mit herzzerreißenden Geschichten von Menschen überhäuft, die berichteten, wie sie das Gefühl verloren hatten, wertvolle, wichtige Menschen zu sein.

Auf einige dieser Geschichten und Beobachtungen von Studenten, Lehrern und anderen Personen bezüglich ihres Selbstwertgefühls gehe ich in diesem Buch ein. Natürlich habe ich die Namen aus Datenschutzgründen geändert. Mein Dank gilt allen, die mir ihr Vertrauen geschenkt haben und mich an ihrer Reise teilhaben ließen.

Die Gedankengänge, die ich in diesem Buch ausführe, entwickelten sich also hauptsächlich aus meinen eigenen Erlebnissen, aus meinen Therapien mit John und Ruth, aus verschiedenen Tätigkeiten, die ich ausprobierte, aus Gesprächen mit meinem wunderbaren Ehemann David, aus meiner Freundschaft mit Alice, aus Fragen, die in Gesprächen mit Menschen entstanden, die auch ein Problem damit haben, an sich selbst glauben zu können, und aus Büchern, die ich las.

Einige dieser Bücher waren so grässlich, dass ich am liebsten jedes einzelne Exemplar davon eigenhändig verbrennen würde, aber andere haben mir geholfen.

Mein Dank gilt meiner Familie, David, Rachel, Jonathan und Liz, einigen großartigen Kollegen, besonders Sharon Harrison, und ein ganz herzliches Dankeschön geht an Maurice Lyon, meinen Herausgeber, der an mich glaubte, als ich es nicht konnte. Ihr alle wurdet für mich wichtige Begleiter auf meiner Reise.

Ein Hinweis für Leserinnen und Leser, die an Depressionen leiden

Wenn Sie an Depressionen leiden, dann sollten Sie beim Lesen dieses Buches sehr vorsichtig sein. (Es ist außerordentlich wichtig, dass Sie Ihren Arzt konsultieren, wenn Sie an Depressionen leiden.) Manches in diesem Buch ist mehr, als Sie im Moment verkraften können. Abschnitte, die Ihnen zu schwierig erscheinen, sollten Sie einfach auslassen und an einer Stelle weiterlesen, die für Sie besser zu verkraften ist. Zu gegebener Zeit werden Sie sicher in der Lage sein, die ausgelassenen Stellen nachzulesen.

Einführung

Bella: Je öfter ich über das Leben nachdenke, desto weniger verstehe ich den Sinn des Lebens. Niemand weiß, warum manche Dinge funktionieren und andere nicht; warum manche Menschen Glück haben und andere ... Bernie: ... entlassen werden.
Aus dem Film *Notting Hill*

In diesem Buch beschreibe ich einen Prozess, den ein Großteil der Menschheit durchmacht – den Versuch, dem offensichtlichen Chaos um uns herum einen persönlichen Sinn abzugewinnen und eine Art und Weise zu finden, wie man sein Leben meistern kann, so dass es nicht in einer Katastrophe endet.

Für wen dieses Buch geschrieben wurde

Viele Menschen meinen, sie seien irgendwie nicht gut genug. Einige von ihnen wissen jedoch einfach nicht, dass die Wurzel vieler ihrer Probleme das negative Bild ist, das sie von sich haben. Sie sagen zum Beispiel:
- Ich bin schlecht.
- Ich bin ein absoluter Versager.
- Ich bin schwer depressiv und es besteht keine Aussicht, dass das jemals besser wird.
- Ich habe es nicht verdient, glücklich zu sein.
- Alles, was ich mache, geht schief.
- Ich wünschte, ich wäre nie geboren worden.
- Meine Mutter sagte schon immer, ich sei ein hoffnungsloser Fall – und sie hatte Recht.
- Ich wäre besser dran, wenn ich tot wäre.
- Ich bin der geborene Verlierer.
- Andere haben Erfolg im Leben, aber ich schaffe das nicht; ich bin zu nichts nütze.
- Ich bin zu hässlich, als dass sich jemand für mich interessieren könnte.

– Schon in der Schule war ich ein hoffnungsloser Fall, weil ich wirklich dumm bin.
– Ich werde von allen abgelehnt.
– Ich habe mein Leben vergeudet.

Solche Aussagen deuten auf ein geringes Selbstwertgefühl hin, und wenn auch nur eine dieser Aussagen auf Sie zutrifft, dann wurde dieses Buch für Sie geschrieben.

Wie Sie mit diesem Buch arbeiten

Dieses Buch wird mit Sicherheit keine Auswirkung auf Ihr Leben haben, wenn Sie es vom Anfang bis zum Ende einfach nur durchlesen und dann nie mehr hineinschauen! Das Problem mit einem geringen Selbstwertgefühl ist, dass man Zeit braucht, wenn man es in den Griff bekommen will. Sie sollten dieses Buch also nicht lesen wie einen Roman, sondern vielleicht folgendermaßen:

1. Sie könnten es in ein Regenbogenbuch verwandeln. Kennzeichnen Sie Artikel, die Ihnen beim ersten Lesen wichtig erscheinen, mit einer besonderen Farbe. Wenn Sie das Buch dann ein zweites oder drittes Mal lesen, markieren Sie andere wichtige Abschnitte mit einer anderen Farbe.

   – Wir können uns nach einiger Zeit oft nicht mehr an unsere guten Vorsätze erinnern, an unsere Gedanken oder an die Entscheidungen, die wir getroffen haben. Wenn wir sie jedoch auf irgendeine Art und Weise festhalten, dann haben wir eine bessere Vorstellung davon, wo wir herkommen und wo wir hinwollen.

   – Wir Menschen scheinen erst dann zu lernen, wenn wir zu einem bestimmten Punkt zurückkehren und dann genauer über die entsprechende Sache nachdenken. Sie sind also kein Versager, wenn Sie an dem einen oder anderen Punkt erst noch arbeiten müssen. So ist das Leben!

   – Wenn Sie, wie ich, erst ziemlich angestrengt nach den guten Dingen in Ihrem Leben suchen müssen, dann kann es Ihnen helfen, wenn Sie aus diesem Buch ein Regenbogenbuch machen: Regenbögen sind ein Zeichen für Gottes Versprechen, dass Sie noch etwas Besseres erwartet.

- Manchmal können wir einen Regenbogen dann am besten sehen, wenn der Himmel noch dunkel und bedrohlich ist und wir
  wissen, dass wir noch einen Teil des Sturmes vor uns haben.
  Aber wenn wir den Regenbogen sehen, dann wissen wir auch,
  dass ein Ende in Sicht ist.
- Wenn wir einzelne Passagen mit bunten Farben kennzeichnen
  und vielleicht sogar noch ein Datum dazuschreiben, dann können wir den Fortschritt erkennen, den wir zwischenzeitlich gemacht haben.

2. Sie könnten anfangen, Tagebuch zu schreiben, zum Zeichen, dass
   Sie den Entschluss gefasst haben, etwas gegen Ihr geringes
   Selbstwertgefühl zu tun.

3. Setzen Sie nur die Punkte in die Tat um, die Sie ansprechen, und
   lassen Sie alles weg, was Sie im Moment nicht betrifft. Sie können
   in einigen Monaten oder Jahren wieder darauf zurückkommen.

4. Befolgen Sie zumindest einige der praktischen Tipps am Ende jedes Kapitels. Sie sind dazu gedacht, dass Sie sich mit ihnen aus-
   einandersetzen und sie nicht einfach nur durchlesen.
   - Das Leben ist so komplex, dass es unwahrscheinlich ist, dass
     das bloße Lesen eines Buches – auch wenn es großen Einfluss
     auf Sie haben kann – Sie dazu bringt, eine positive Lebensein-
     stellung zu bekommen.
   - Die praktischen Tipps werden Sie nicht alle ansprechen, aber
     wenn Sie in der Lage sind, einige von ihnen in die Tat umzu-
     setzen, und wenn Sie zumindest ein wenig Zeit finden, in Ihr
     Tagebuch zu schreiben, dann kann ich Ihnen versprechen, dass
     Sie sich selbst ganz neu kennen lernen werden. Das ist aber
     auch schon das einzige Versprechen, das ich Ihnen mache!

Ich hoffe, dass dieses Buch eine Hilfe für Sie ist, aber ich kann Ihnen nicht versprechen, dass Sie völlig wiederhergestellt sind, wenn
Sie es zu Ende gelesen haben. Ich habe die Erfahrung gemacht, dass
der Weg von einem geringen Selbstwertgefühl hin zu einem gewissen Selbstvertrauen ein langsamer und schwieriger Prozess ist. Aber
er ist möglich!

Ein geringes Selbstwertgefühl äußert sich in vielen destrukti-
ven Verhaltensmustern und verursacht seelische Verletzungen
und Kummer. Viele Studien zeigen, dass schlechte Noten,
Schuleschwänzen, Kriminalität, Gewalt, Missbrauch von Al-
kohol und Drogen, Schwangerschaften von Teenagern und
Selbstmordversuche oft eine Reaktion auf hohen Erwartungs-
druck sind und meist mit mangelndem Selbstwertgefühl ein-
hergehen. Murray White

Ich hoffe sehr, dass es Ihnen bei der Bewältigung Ihrer eigenen Probleme hilft, wenn Sie lesen, wie ich selbst versucht habe, hinter meiner persönlichen Schutzmauer hervorzukriechen.

Am Ende jedes Kapitels finden Sie einen »Denkanstoß«. Darin beschreibe ich Dinge, die als Teil einer Strategie gedacht sind, wie wir unser Selbstwertgefühl wiedererlangen können. Ich bin sehr dankbar für die Menschen, die sich die Zeit genommen haben, diese mit mir zu durchdenken. Außerdem enthalten sie Auszüge aus meinem Tagebuch; ich habe festgestellt, dass diese Strategien mir dabei geholfen haben, mich wieder besser zu fühlen.

Zum Nachdenken

Machen Sie jeden Tag eine Liste von den Dingen, die Sie tun müssen, und dann tun Sie diese. Aber bleiben Sie realistisch! Es kann hilfreich sein, wenn Sie auf diese Liste auch Dinge setzen, die Sie bereits erledigt haben, dann können Sie diese Dinge ausstreichen und sich darüber freuen, dass Sie den Tag schon gut angefangen haben.

Wenn man den Psychologen glauben kann, dann müssen wir uns vor allem eins merken: Wir können unser Selbstbild und unsere Gefühle dadurch beeinflussen, dass wir uns bewusst machen, was wir uns ständig einreden. Negative Botschaften wie »Ich werde das nie im Leben schaffen« müssen ersetzt werden durch Botschaften wie »Das schaffst du schon. Na los! Probiere es!« Ich habe die Erfahrung gemacht, dass diese Strategie tatsächlich funktioniert.

Praktischer Tipp

Kaufen Sie sich ein Tagebuch oder ein Notizbuch. Bewahren Sie es an einem sicheren Ort auf – so schützen Sie sich selbst und Ihre Privatsphäre.

Erster Teil

Das Leben hinter der Mauer

1. Wie erkennt man ein geringes Selbstwertgefühl?

Meine Großmutter brachte mir diesen Satz bei und sagte mir, man könne ihn in jeder Lebenslage anwenden. Wenn alles im Leben schrecklich zu sein scheint, wenn alles nur noch entsetzlich ist, aber auch, wenn das ganze Leben großartig und wunderbar und glücklich zu sein scheint – dann sag zu dir selbst: Es wird nicht immer so bleiben! *Dieser Satz wird dir eine Perspektive geben und dir helfen, aus den angenehmen Situationen das Beste zu machen und die schweren Situationen geduldig zu ertragen.* Claire Rayner

Dieses erste Kapitel handelt davon, wie man ein geringes Selbstwertgefühl erkennt, was es eigentlich ist und welche Auswirkungen es auf unser Leben hat.

Es wird nicht immer so bleiben!

Lange Jahre hatte ich von mir selber das Bild, dass ich hinter einer stabilen Mauer sitze und mich verstecke. Da sitze ich an einem sicheren Ort und bin vor der schrecklichen Welt auf der anderen Seite geschützt. Ich bin sicher vor Menschen, die mich verletzen könnten, denn ich lasse niemanden an mich heran. Ich lebe auf Distanz zu allem und jedem – so schütze ich mich vor Verletzungen.

Ich bin sicher hinter meiner Mauer, aber auch schrecklich einsam, und das Gefühl der Isolation dringt langsam zu mir durch und wird schließlich unerträglich. Manchmal muss ich hinter meiner Mauer hervorkriechen, aber dann bin ich sehr verletzlich. Wenn ich meinen geschützten Ort verlasse, stoße ich bald auf Schwierigkeiten, so dass ich mich bei der erstbesten Gelegenheit wieder hinter meiner Mauer verschanze.

Wenn ich mit Menschen spreche, die ebenfalls an einem geringen Selbstwertgefühl leiden, dann stelle ich fest, dass auch sie das

Bild von sich haben, dass sie hinter der Mauer leben. Deshalb zieht sich dieses Bild wie ein roter Faden durch das ganze Buch. Manche sagten mir, sie fühlten sich, als säßen sie in einem dunklen Schrank oder als hätten sie sich auf einem riesigen Ozean verirrt oder als würden sie von einer Welt von Monstern oder Außerirdischen überwältigt. Egal, in welchem Bild Sie sich persönlich wiederfinden, ich hoffe, Sie können sich in mein Bild von der Mauer hineinversetzen.

Ein geringes Selbstwertgefühl zu haben ist nichts Außergewöhnliches. Wenn man manchen Leuten zuhört, wie sie sich mit anderen unterhalten, dann merkt man ganz deutlich, dass sie sich unzulänglich fühlen und dass sie glauben, sie seien als Menschen nicht in Ordnung. Sie haben keinen Frieden mit sich selbst. Sie denken, sie könnten niemals von anderen akzeptiert werden. Sie fühlen sich zu nichts nütze, wertlos und von Grund auf schlecht.

Welche Gefühle mit einem geringen Selbstwertgefühl einhergehen

Bei meinen Nachforschungen für dieses Buch fand ich heraus, dass die Empfindungen, die Menschen haben, die an einem geringen Selbstwertgefühl leiden, sehr unterschiedlich sind. Hier habe ich einige dieser Gefühle aufgelistet – aber nicht alle müssen auch auf Sie zutreffen:
- das Gefühl, ausgeschlossen zu sein;
- mangelndes Selbstvertrauen;
- die Überzeugung, dass man völlig nutzlos ist und dass sich das auch niemals ändern wird;
- extreme Niedergeschlagenheit aufgrund der eigenen »Wertlosigkeit«;
- das Gefühl, seinen Aufgaben in der Familie und im Beruf nicht gewachsen zu sein;
- Selbstmordgedanken;
- eine enorme Lebensangst, die sich manchmal in der Form von Erfolgsangst oder Versagensangst – oder beidem – äußert;
- übermäßige Schuldgefühle aus geringfügigen Anlässen;

– Gefühle der Scham und Unterlegenheit; die innere Überzeugung, keinen Platz auf Gottes Erde verdient zu haben;
– Schwierigkeiten zu spüren, was man wirklich fühlt.

Wie sich ein geringes Selbstwertgefühl zeigt

Menschen mit einem geringen Selbstbewusstsein sind häufig zu Hause oder in der Schule schikaniert oder auf irgendeine Weise missbraucht worden, oder sie haben in ihrer jüngsten Vergangenheit etwas Schmerzliches erlebt – sie haben vielleicht ihre Arbeit verloren, oder ihr(e) Partner(in) hat sich von ihnen getrennt. Als Folge solcher Ereignisse können Menschen mit geringem Selbstbewusstsein folgende Symptome zeigen:

– Sie haben Schwierigkeiten auszudrücken, was sie wirklich wollen oder brauchen.
– Sie sind anfällig für Depressionen, die keine offensichtlichen Ursachen haben, also nicht von Ereignissen wie einer plötzlich eintretenden Arbeitslosigkeit oder dem Tod eines geliebten Menschen herrühren. Man bezeichnet diese Depressionen als »endogen«, was so viel bedeutet wie »von innen kommend«.
– Sie haben das Gefühl, dass das Leben keine Sicherheit bietet und dass die nächste Katastrophe schon bald über sie hereinbrechen wird.
– Sie leiden unter Essstörungen – Fettsucht oder Magersucht, häufig gepaart mit Bulimie.
– Sie leiden unter Panikattacken.
– Sie haben das Gefühl, sich ständig entschuldigen und klein machen zu müssen.
– Sie erleben häufig Misserfolge aufgrund ihres mangelnden Selbstvertrauens.
– Sie haben Schwierigkeiten, gute Beziehungen zu führen. (Menschen mit geringem Selbstwertgefühl leben oft in einer Beziehung, in der sie missbraucht werden.)
– Es fällt ihnen schwer, Entscheidungen zu treffen.
– Sie reagieren überempfindlich auf Kritik.

- Sie reagieren äußerst sensibel auf die Gefühle ihrer Mitmenschen und fühlen sich häufig verantwortlich für deren Wohlbefinden.
- Sie sind in einer schlecht funktionierenden Familie aufgewachsen oder leben noch in einer solchen, oder sie leben in einer destruktiven Beziehung und benötigen professionelle Hilfe.
- Es fällt ihnen schwer, anderen zu vertrauen.
- Sie verbringen so viel Zeit damit, sich um andere zu kümmern, dass sie sich nicht mehr richtig um sich selbst kümmern können.

Das Schlüsselproblem bei all dem ist, dass wir meinen, wir wären nichts wert. Wir denken, die anderen sind in Ordnung, so wie sie sind, aber wir selbst sind schlecht. Die Gründe, warum wir uns für so schlecht halten, sind von Mensch zu Mensch verschieden, aber die Wurzel all dieser Probleme ist, dass irgendetwas in unserer Vergangenheit uns dazu gebracht hat zu glauben, wir wären nichts wert.

Das Leben ist ein Alptraum

Für die meisten von uns bringen Veränderungen auch Probleme mit sich; und wenn Sie dieses Buch lesen, weil Sie sich persönlich weiterentwickeln wollen, dann könnte es sehr wohl die eine oder andere Veränderung in Ihnen auslösen. Auch wenn das auf lange Sicht wahrscheinlich vorteilhaft für sie ist, kann es anfangs unangenehm sein. Es ist nicht einfach, mit unserem fehlenden Selbstbewusstsein konfrontiert zu werden und feststellen zu müssen, welch tiefe Verletzungen wir mit uns herumtragen. Es ist viel einfacher, diese Gefühle zu ignorieren und hinter unserer Mauer sitzen zu bleiben.

Natürlich können wir uns nicht über Nacht ändern. Es kann einige Monate oder Jahre dauern. Manchmal unterdrücke ich meine Gefühle und ziehe mich monatelang hinter meine Mauer zurück. Es gibt aber auch Zeiten, in denen ich mich stärker fühle und hart daran arbeite herauszufinden, warum ich so verängstigt bin. Es geht mir ähnlich wie mit dem Naschen von Schokolade. Manchmal bin ich stark und kann einen ganzen Tag lang darauf verzichten, aber ein anderes Mal gelingt mir das nicht und ich gebe dem Impuls einfach nach.

Ich erlebe dieses Gefühl, dass ich kein Vertrauen in mich selbst habe und mich hinter meiner Mauer verkrieche, als eine besonders schlimme Form der Einsamkeit. Es kommt mir dann so vor, als sei ich der einzige Mensch auf diesem Planeten, der sich so von aller Welt verlassen fühlt. Wenn es mir wirklich schlecht geht, dann ist es für mich ein Alptraum, zur Arbeit gehen zu müssen. Ich fühle mich dann so, als würde ich mitten im Sturm direkt am Abgrund stehen. In Anbetracht dieses Abgrunds fühle ich mich ganz krank. Ich weiß, ich kann jeden Augenblick abstürzen und auf den Felsen zerschellen. Bei dem geringsten Anlass gerät mein Herzschlag ins Stolpern, und manchmal ist es so schlimm, dass ich mich am liebsten von der ganzen Welt zurückziehen und hinter meiner Mauer verstecken würde, wo ich mich zumindest etwas sicherer fühle.

Das Leben ist eine Last

Wenn solche Gefühle unser Leben beherrschen, dann werden sie so belastend, dass unsere alltäglichen Aufgaben uns zu anstrengend und anspruchsvoll vorkommen. Somit haben wir dann nahezu keine Energie mehr für Dinge, an denen wir vielleicht Freude hätten, wenn wir uns dazu aufraffen könnten, sie zu tun. Oft fehlt uns einfach die Motivation dazu. Wir beginnen dann zu glauben, es sei völlig sinnlos, irgendetwas zu unternehmen, da das ohnehin nichts ändern würde. Wir könnten unsere Mauer dann genauso gut in einen Turm umbauen, uns hineinsetzen und einfach gar nichts mehr tun.

Manchmal sitzen Kinder in meinem Unterricht, die offensichtlich ein geringes Selbstwertgefühl haben. Eltern, Verwandten und Lehrern sollte so etwas auffallen. Wenn ein kleiner Junge neben mir sitzt, der mir etwas vorliest, aufschaut und sagt:»Ich kann nicht lesen, ich bin zu dumm!«, dann berührt mich das zutiefst. Meine Aufgabe ist es, aus ihm einen sicheren Leser zu machen, der gerne liest, und sein Selbstwertgefühl zu stärken. Ich könnte richtig wütend darüber werden, dass ein fünfjähriger Junge schon ein so negatives Selbstbild haben kann.

Schön ist es dann allerdings, wenn man erlebt, wie Kinder sich verändern können – manchmal in nur wenigen Monaten. Ich weiß, dass ich mich selbst sehr verändert habe, und ich habe auch Geschichten von anderen Menschen gehört, die ihr Selbstbild verändern konnten. Ich habe schon dieses wunderbare Gefühl verspürt, dass ich gut bin, so wie ich bin, und ich wünschte, ich hätte es die ganze Zeit.

Zum Nachdenken

Wir müssen alle Menschen respektieren. Vielleicht sind wir nicht mit allen einer Meinung; vielleicht halten wir sie sogar für schlecht. Aber jeder Mensch verdient es, gut behandelt und als Geschöpf Gottes wertgeachtet zu werden.

Es gibt Psychologen, die sagen, man könne zu dem Menschen werden, der man gerne sein möchte, wenn man sich so verhält, als wäre man bereits dieser Mensch!

Ist das nicht aufregend?

– *Handeln* Sie selbstsicher, dann *werden* Sie selbstsicher.
– *Handeln* Sie mutig, dann *werden* Sie mutig!

Das ist einen Versuch wert!

Praktischer Tipp

Achten Sie einmal darauf, wie oft Sie sich selbst niedermachen. Machen Sie sich bewusst, wie oft Sie »sollte« oder »müsste« verwenden. Das sind Wörter, die man gebraucht, wenn man sich selbst oder andere schlecht macht.

Einen Satz mit »Ich sollte eigentlich ...« oder »Ich hätte besser ...« zu beginnen, kann gefährlich werden. Achten Sie also darauf, dass Sie sich solche Sätze nicht einreden.

2. Was ist ein geringes Selbstwertgefühl?

Die ärztliche Diagnose ist wichtig ..., aber sie hilft dem Patienten nicht ... Die Lebensgeschichte des Patienten ist das Entscheidende. Sie allein erklärt den persönlichen Hintergrund des Patienten und sein seelisches Leiden. C. G. Jung

Ein geringes Selbstwertgefühl ist keine Krankheit wie eine Erkältung oder Masern. Aber es ist so ähnlich, als hätte man Malaria gehabt. Wir haben den Erreger in uns und von Zeit zu Zeit bricht die Krankheit auf eine sehr beunruhigende Art und Weise aus. Aber es ist noch viel schlimmer als Malaria, denn

- es beeinflusst unser ganzes Leben und wirkt sich destruktiv auf unsere Alltagsaktivitäten aus;
- es beeinflusst unsere Gedanken und unser Weltbild;
- es beeinflusst alle Beziehungen, die wir haben;
- es kann dazu führen, dass wir in bestimmten Bereichen unseres Lebens wenig Erfolg haben, obwohl wir eigentlich das Potenzial dazu hätten;
- es mindert unsere Lebensqualität.

Was wir von uns selbst halten

Ein geringes Selbstwertgefühl bekommen wir nicht durch Bakterien, sondern durch das, was wir von uns selbst halten, und das wiederum hat seine Wurzeln in unserer Kindheit und in all den Kämpfen, die wir in unserem Leben bisher ausgefochten haben. Das ist vermutlich ein sehr komplexer Prozess und ist zurückzuführen auf

- die Art und Weise, wie wir als Kinder in unserer Familie behandelt wurden;
- die Kultur und die Gesellschaft, in der wir leben;
- unser Verhältnis zu unserer Verwandtschaft und unseren Freunden (und Feinden);

– unsere natürlichen Begabungen, die uns in die Wiege gelegt wurden (oder auch nicht), und unsere einzigartige Persönlichkeit.

Ein geringes Selbstwertgefühl kann sich auf erstaunliche Arten zeigen

Mit einem geringen Selbstwertgefühl leben zu müssen, heißt für uns, dass wir uns selbst oft schlecht machen oder ständig meinen, uns entschuldigen zu müssen. Aber das ist nicht die einzige Art, wie sich ein geringes Selbstwertgefühl zeigen kann. Was ein Mensch sagt und was er wirklich vermitteln will, kann stark voneinander abweichen:

Ich bin stark und nichts kann mich verletzen. *(In Wirklichkeit bin ich ängstlich, aber wenn ich dir drohe, dann bist du hoffentlich so von mir eingeschüchtert, dass du mich in Ruhe lässt.)*

Ich weiß alles. *(Ich fühle mich in Wirklichkeit sehr unsicher, aber wenn ich dir dieses Selbstbewusstsein vormache und so tue, als wüsste ich wirklich alles, dann wirst du mich hoffentlich nicht herausfordern.)*

Ich bin der absolute Partyheld. Ich bin jeden Abend auf einer Party. Ihr werdet mich alle darum beneiden, wie viel ich vertrage. Ohne mich wäre eure Party ein Flop. *(Wenn ich Witze mache und herumalbere, dann wird niemand merken, dass ich mich einsam fühle und Angst habe.)*

Ich habe auf alles und jeden eine Wut – auf die Regierung, auf die Schulen, die ich besucht habe, auf absolut jeden Lehrer, auf meine Eltern, auf meinen Chef. Keiner sollte mir zu nahe kommen, sonst ... *(Ich wurde als Kind so verletzt, dass ich es nicht einmal ertrage, auch nur an meine Vergangenheit zu denken.)*

Ich bin ein absolut hoffnungsloser Fall, ich kann gar nichts. Ich kann nicht einmal Auto fahren. Das mit dem Kochen kapiere ich nie. Ich bin ein Idiot. *(Wenn ich sage, dass ich zu nichts nütze bin, dann erwartet auch niemand etwas von mir und dann mache ich auch keine Fehler. Andere werden für mich sorgen und das tun, was getan werden muss. Dann kann ich ein bequemes Leben leben und brauche mich nicht anzustrengen.)*

Aus mir hätte wirklich etwas werden können, wären da nicht meine unfähigen Lehrer, Eltern etc. gewesen. Und weil sie mich so schlecht behandelt haben, muss ich jetzt diesen miesen Job machen. Es ist allein ihre Schuld, und ich werde ihnen das mein ganzes Leben lang ankreiden. *(An allem Schlechten in meinem Leben ist irgendjemand anders schuld; es gibt nichts, was ich dagegen tun könnte, und es wird auch immer so bleiben. Der Gedanke an eine mögliche Veränderung macht mir viel zu viel Angst.)*

Zum Nachdenken

Wir sind ständig von unserem geringen Selbstwertgefühl umgeben. Aber wir können etwas dagegen unternehmen. Wir sitzen nicht in einer Falle, die andere für uns aufgestellt haben.

Wir haben uns selbst dafür entschieden, uns hinter unserer Mauer zu verstecken. (Wir brauchen diesen Schutz, weil es schwierig ist, das Leben zu meistern, und weil wir verwirrt und verletzt sind.)

Wir können uns aber auch selbst dafür entscheiden, den Versuch zu wagen, hinter unserer Mauer hervorzublicken. Vielleicht merken wir dann, dass das Leben auf der anderen Seite der Mauer hart ist. Aber das Leben hinter der Mauer war schließlich auch nicht besonders schön – also lohnt sich der Versuch auf jeden Fall.

Praktischer Tipp

Denken Sie einmal über die Aussage des britischen Wissenschaftlers Russell Stannard nach:

Du bist aus Sternenstaub gemacht.

Diese Aussage lässt sich vermutlich auf ganz verschiedene Weise interpretieren. Für mich bedeutet sie: »Ich bin einzigartig.«

3. Selbstachtung, Selbstliebe, Selbstsucht ...

Frauen haben weniger Selbstvertrauen als Männer – das ist ihre ständige Untugend. Mein Vater glaubte an mich – er glaubte, mir stünden alle Wege offen, und das hatte enorme Auswirkungen auf mein Leben.

Shirley Williams, britische Politikerin

Es gibt offenbar Menschen, die davon ausgehen, dass der Mensch grundsätzlich gut ist. Gott schuf den Menschen, und er war zufrieden mit seinem Werk (1. Mose 1,31).

Andere sind jedoch der Meinung, der Mensch sei von Grund auf schlecht. In einem Buch zum Thema Selbstwertgefühl las ich: »Ja, der Mensch ist von Grund auf sündig, aber darüber sollten wir uns nicht zu viele Gedanken machen, denn Gott liebt uns, obwohl wir Sünder sind.«

Autsch!

Wenn ich im tiefsten Innern ein schlechter Mensch bin, welchen Sinn soll es dann haben, wenn ich versuche, mein Selbstwertgefühl zu stärken? Dann könnte ich doch ebenso gut hinter meiner Mauer sitzen bleiben und mich in meiner Scham und dem Gefühl meiner eigenen Wertlosigkeit vor aller Welt verstecken.

Ich glaube, wir Christen neigen dazu, es uns in dieser Hinsicht unnötig schwer zu machen. Meiner Ansicht nach hatte Adrian Plass Recht, als er einmal im Fernsehen sagte: »Gott ist nett und er mag uns.«

Wir alle tun Dinge, die falsch sind und durch die wir andere verletzen und Gottes Geduld auf eine harte Probe stellen. Aber er wird niemals aufhören, uns zu lieben. Die Tatsache, dass er uns schuf, zeigt, dass er ein persönliches Interesse daran hat, sich um uns zu kümmern, was auch immer geschieht – dass wir Fehler machen und anderen wehtun, ist dabei von Anfang an mit einkalkuliert. Wir alle sind eine Mischung aus guten und bösen Eigenschaften. (Ich werde im Laufe des Buches noch öfter darauf zurückkommen, denn das müssen wir uns immer vor Augen halten, wenn wir ein gesundes Selbstwertgefühl aufbauen wollen.)

Ich teile also die Ansicht von Adrian Plass: »Gott ist nett und er mag mich.« Das hat er eindeutig dadurch bewiesen, dass er Jesus in die Welt sandte. Er hätte sich nicht ans Kreuz nageln lassen müssen. Er hätte die Hohenpriester und Soldaten jederzeit aus dem Weg räumen können – zum Beispiel durch ein paar gezielte Blitzschläge.

Wenn es also etwas an mir gibt, das es wert ist, geliebt zu werden, etwas, das es sogar wert ist, dass jemand dafür stirbt, dann brauche ich mich wirklich nicht vor lauter Scham zu verkriechen. Ich kann versuchen, es so zu sehen: Wenn ich geliebt bin, dann kann ich auch hinter meiner Mauer hervorkriechen und als freier und fröhlicher Mensch leben. Ich bin wichtig. Ich bin wertvoll.

Einige »Selbst«-Wörter

Einige Wörter, die mit »Selbst« beginnen, haben eine negative Grundbedeutung und stehen im Zusammenhang mit Ehrgeiz und rücksichtslosem Machtstreben. Andere jedoch sind durchaus positiv.

– *Selbstliebe* kann eine schwärmerische, narzisstische Liebe sein und wir können mit dieser Liebe auf eine ebenso traurige Weise enden wie Narziss in der Mythologie. Aber es gibt auch eine angemessene Selbstliebe, die jeder Mensch braucht. Wir müssen für uns selbst sorgen und schließlich lernen, uns selbst bedingungslos zu lieben. (Wenn das für Sie wie ein Schlag ins Gesicht ist, dann ist das völlig normal. Mir ging es genauso. Behalten Sie diesen Gedanken einfach in Ihrem Hinterkopf; Sie können dann später darauf zurückkommen.)
– *Selbstsucht* (Egoismus) und *Selbstbezogenheit* (Egozentrik) sind ganz klar Eigenschaften, die wir vermeiden sollten.
– *Selbstwertgefühl* und *Selbstachtung* haben meiner Meinung nach die gleiche Bedeutung: Wir betrachten uns als wertvolle Menschen.
– *Selbstannahme* bedeutet, dass wir uns so akzeptieren, wie wir sind; sie ist ein wichtiger Aspekt der Selbstliebe. Wenn wir in unserem Leben Dinge getan haben, die unserer Meinung nach schlecht waren, dann heißt das noch lange nicht, dass wir schlechte Menschen sind.

– Dann gibt es noch die *Selbstverwirklichung*. Ich denke, dazu gehört auch ein gewisses Maß an *Selbstbestätigung* und Zufriedenheit. Ich hatte dieses Gefühl, als ich meine Kinder bekam. Ich fühlte mich bestätigt. Trotzdem hatte ich kein gutes Selbstwertgefühl. Dieses Buch zu schreiben empfinde ich als Selbstverwirklichung, mein Selbstwertgefühl jedoch fällt und steigt dabei. Das heißt also, dass wir Selbstverwirklichung als etwas erfahren können, das nicht automatisch mit einem hohen Selbstwertgefühl einhergeht.

Selbstannahme hat nichts mit Egoismus zu tun

Es ist unsere Pflicht, für uns selbst zu sorgen – sowohl für unser äußeres als auch unser inneres Selbst. Wenn wir uns auf angemessene und einfühlsame Weise um uns selbst kümmern und uns um eine realistische Selbsteinschätzung bemühen, dann sind wir nicht egoistisch (auch wenn wir dann manchmal selbstbezogen sein werden, aber das ist im Laufe unseres Lernprozesses ganz normal). Wir versuchen nur, mit uns selbst ins Reine zu kommen. Dadurch wird es auch für unsere Mitmenschen schöner, mit uns zusammen zu sein.

Der Begriff »Selbstwertgefühl«

Als ich über all diese »Selbst«-Wörter nachdachte, wurde mir ziemlich schwindelig. Manche Autoren sagen sogar, dass das Wort »Selbstwertgefühl« kein besonders treffender Ausdruck sei; also habe ich noch einmal gründlich darüber nachgedacht.

Letztendlich kam ich jedoch zu dem Ergebnis, dass ich selber genau weiß, was ich mit Selbstwertgefühl meine, und ich stellte fest, dass Menschen, die ebenfalls Probleme mit ihrem Selbstwertgefühl hatten, diesen Begriff genauso verstanden wie ich. Also entschied ich mich, das Wort »Selbstwertgefühl« zu verwenden, auch wenn es vielleicht ein anderes gibt, das diesen Sachverhalt besser beschreiben würde.

Selbstliebe

Du sollt deinen Nächsten lieben wie dich selbst.

Jesus von Nazareth

Es ist für mich immer noch faszinierend und gleichzeitig verwirrend, dass ich andere Menschen ebenso lieben soll *wie mich selbst*. Für mich ist es leichter, andere Menschen zu lieben und mich selbst zu hassen. Das kann ich wirklich gut. Aber Jesus will, dass ich auch lerne, mich selbst zu lieben.

Das ist hart.

Vermutlich müssen wir ein gesundes Gleichgewicht finden. Wenn ich ausschließlich mich selbst lieben würde, dann wäre das sicher völlig falsch. Eines habe ich in meinem Leben bereits gelernt: Wenn wir uns um andere Menschen kümmern und sie lieben, dann lernen wir dadurch auch, uns selbst besser anzunehmen.

Den Blick auf das Positive richten

Wenn ich auf meine Laufbahn als Lehrerin und mein Leben als Mutter zurückblicke, dann freue ich mich darüber, wie vielen Kindern ich helfen konnte, ihr Selbstwertgefühl zu steigern. Eine Ermutigung wie »Da hast du wirklich einen tollen Aufsatz geschrieben!« bedeutet einem Kind so viel. Der Aufsatz ist vielleicht nicht perfekt, und ich muss das Kind dann auch darauf aufmerksam machen, was es noch verbessern könnte; aber das Wichtigste, was ich dabei gelernt habe, ist, dass Dinge besser werden können, wenn wir uns auf das Positive konzentrieren. Wenn man Kinder heruntermacht, dann bekommt man wirklich Probleme. Sie glauben dann, dass sie nicht in der Lage seien, bestimmte Dinge zu tun, und verlieren jegliche Motivation.

Fast alle, mit denen ich über ihr geringes Selbstwertgefühl gesprochen habe, führten ihre mangelnde Selbstachtung darauf zurück, dass sie in ihrer Kindheit oft von Lehrern, Eltern oder älteren Geschwistern heruntergemacht worden waren.

Es scheint paradox, aber gerade dadurch, dass wir andere lieben, steigern wir auch unsere eigene Selbstachtung. Erstaunlicherweise gibt es auch viele, die das genau andersherum sehen. Sie sagen, dass wir erst dann andere Menschen lieben könnten, wenn wir gelernt haben, uns selbst zu lieben.

Vielleicht müssen diese beiden Prozesse einfach Hand in Hand gehen.

Zum Nachdenken

Das Problem unseres geringen Selbstwertgefühls können wir erst dann überwinden, wenn wir es lernen, uns sowohl um uns selbst als auch um unsere Mitmenschen zu kümmern.

Warten Sie nicht erst auf eine Krise, um herauszufinden, wer Ihre wirklichen Freunde sind.

Praktische Tipps

1. Denken Sie darüber nach, was es bedeutet, sich selbst ebenso zu lieben wie seine Mitmenschen, und wie das praktisch aussehen könnte. Wenn es Ihnen dabei so geht wie mir, dann ist das für Sie bestimmt etwas unangenehm und peinlich! Ich finde es schwer, mich selbst zu lieben, aber ich habe herausgefunden, dass es mir hilft, wenn ich mir von Zeit zu Zeit ganz bewusst etwas Gutes tue.
   - Gönnen Sie sich ein ausgiebiges Bad, spielen Sie dabei mit Ihrem Quietsche-Entchen und hören Sie Ihre Lieblingsmusik.
   - Planen Sie immer wieder Zeiträume ein, in denen Sie genau das tun, wonach Ihnen wirklich zumute ist.
   - Verwöhnen Sie sich ab und zu – genießen Sie ein Schälchen frische Erdbeeren oder verbringen Sie einen Morgen im Bett und lesen Sie ein gutes Buch.

2. Gibt es Tätigkeiten in Ihrem Leben, die Ihnen ein Gefühl von Selbstverwirklichung vermitteln? Für mich sind das zum Beispiel Schreiben, Nähen und Gartenarbeit.

3. Atmen Sie tief durch und lesen Sie den nächsten Tipp. Wenn das im Moment noch zu viel für Sie ist, ignorieren Sie ihn einfach: Fertigen Sie eine Liste von Dingen an, die Sie an sich selbst mögen. (Für mich ist das eine echte Herausforderung, aber ich praktiziere es seit Jahren. Als mich zum ersten Mal jemand aufforderte, solch eine Liste anzufertigen, brach ich in Tränen aus! Wenn es Ihnen genauso geht, dann betrachten Sie es nur als Tipp, den Sie im Hinterkopf behalten können, aber lassen Sie es vorerst sein. In Kapitel 9 werde ich darauf zurückkommen.)

Falls es für Sie eine Hilfe ist: Das Erste, was ich damals auf meine Liste schrieb, war, dass ich meine Füße schön finde. Na, das war doch zumindest ein Anfang!

Zweiter Teil

Wie konnte es nur so weit kommen?

4. Woher kommt ein geringes Selbstwertgfühl?

Wenn deine Mutter eine Pessimistin war und dir beigebracht hat, immer mit dem Schlimmsten zu rechnen, wirst du das Leben wahrscheinlich ebenso negativ sehen wie sie.

Dr. Desmond Kelly, Experte auf dem Gebiet
Depressionen und Phobien

In diesem Kapitel berichte ich darüber, wie verschiedene Menschen ein geringes Selbstwertgefühl bekommen haben. Wer lernen will, wie man sein Leben besser meistern kann, der muss zuerst einmal verstehen, warum er sich ursprünglich hinter seiner Mauer verkrochen hat.

Wie konnte es nur so weit kommen, dass ich so schlecht über mich denke?

Manche Menschen berichten mir von Dingen, die sie erlebt haben, als sie bereits erwachsen waren, und geben diese als Grund für ihr geringes Selbstwertgefühl an. Doch bei den allermeisten Menschen sind es Erlebnisse aus der Kindheit, die sie so negativ beeinflusst haben.

Hier sind einige Beispiele, die Menschen als Gründe für ihr geringes Selbstwertgefühl angaben:

- Ihnen wurde gesagt oder sie hatten das Gefühl, dass sie ungewollt waren. Häufig war die Ehe der Eltern zerbrochen, und die Betroffenen bekamen einen Stiefelternteil und/oder Stiefgeschwister. (Das heißt aber nicht, dass jedes Kind, dessen Eltern sich getrennt haben, ein Gefühl der Wertlosigkeit entwickeln muss.)
- Sie wurden geschlagen, sexuell missbraucht oder auf andere Weise seelisch tief verletzt.
- Man machte sich über sie lustig – auch dies ist eine Form seelischen Missbrauchs, besonders, wenn darauf Fragen folgen

wie: »Was ist denn los mit dir? Du verstehst wohl keinen Spaß?«
- Sie wurden in der Schule oder auch zu Hause schikaniert. (Ich habe dies bereits erwähnt, aber ich war überrascht, wie viele junge Menschen darunter leiden. Seitdem versuche ich, Eltern und Lehrer auf dieses Problem aufmerksam zu machen.)
- Ihre persönlichen Mängel, Fehler oder Schwierigkeiten wurden von anderen überbetont. (Eine Frau, die eine körperliche Behinderung hatte, erlebte, dass ihr niemand eine echte Chance einräumte. Da sie nicht laufen konnte, dachten die Leute, sie könne auch nicht denken!)
- Sie wurden von einer Autoritätsperson manipuliert.
- Ihre Eltern nahmen sich keine Zeit für sie – vielleicht bevorzugten diese ein Geschwisterkind, oder sie waren zu beschäftigt mit anderen Dingen.
- Sie wurden heftig kritisiert.
- Sie fühlten sich verlassen oder abgelehnt. (Das Gefühl des Verlassenseins kann aufkommen, wenn Kinder einen geliebten Menschen verlieren, wenn die Ehe der Eltern zerbricht, wenn sie von ihren Geschwistern getrennt werden oder wenn sie aus einer vertrauten Situation herausgerissen und in eine andere hineingeworfen werden.)
- Sie fühlten sich wie das fünfte Rad am Wagen oder bekamen zu spüren, dass sie nicht in ihre Familie passten. Das traf auf viele Befragte zu – auch auf einige, die angenommen oder adoptiert worden waren. Manche sagten jedoch, dass ihre Adoptivfamilie ihnen Halt gegeben hat und ihre leiblichen Eltern diejenigen waren, von denen sie sich abgelehnt fühlten.

Die Gründe, wie Kinder dazu kommen, sich wertlos zu fühlen, können viel komplexer sein, als wir Erwachsenen uns vorstellen. Es ist gut möglich, dass es für unsere geringe Selbstachtung auch Auslöser gab, an die wir uns heute nicht mehr erinnern. Manche Menschen hingegen werden von der Bedeutung ihrer Kindheitserlebnisse überwältigt, sobald sie anfangen, sich damit zu beschäftigen. Solche *Flashbacks* können die Betroffenen ganz plötzlich überfallen und sind in ihrer Intensität oft geradezu beängstigend.

Wir brauchen das Gefühl der Sicherheit

Falls Sie derartige Angstgefühle empfinden, wenn Sie Ihr Elternhaus oder andere für Sie bedrückende Orte besuchen, dann sollten Sie dafür sorgen, dass Sie immer eine Rückzugsmöglichkeit haben. Eine meiner Freundinnen nimmt immer das Auto, wenn sie ihre Mutter besucht, mit der sie eine schwierige Beziehung hat. So kann sie jederzeit wieder wegfahren, wenn es ihr zu viel wird.

Auch wenn solche *Flashbacks* manchmal beängstigend sind, können wir viel aus ihnen lernen. Sie zeigen uns, dass unser geringes Selbstwertgefühl nicht unsere »Schuld« ist. Oft wurde es durch Begebenheiten verursacht, die uns als wehrlosen Kindern widerfuhren. Eigentlich hätten wir in unserer Kindheit umsorgt und beschützt werden müssen, aber das war nicht der Fall.

Es passiert so schnell

Ich habe Menschen kennen gelernt, die mir sagten, sie wüssten wirklich nicht, woher ihr geringes Selbstwertgefühl käme, da sie ganz normale Eltern gehabt hätten. Offensichtlich braucht es also nicht viel, dass ein Mensch sich solch eine Mauer baut. Viele konnten keine eindeutigen Gründe finden, obwohl »ein bisschen Spott« und die Tatsache, dass ihre Eltern ihnen wenig zutrauten, bei einigen eine Rolle spielten. (Vielleicht gibt es so etwas wie »ein bisschen Spott« ja gar nicht?)

Andere konnten nur ein oder zwei Vorkommnisse schildern, die sie selbst als unbedeutend bezeichneten. Wenn man dann aber tiefer auf diese Dinge eingeht, dann zeigt sich manchmal, dass sie ganz und gar nicht »unbedeutend« waren! Es gibt sehr viele Menschen, die die negativen Ereignisse ihrer Kindheit vergessen oder herunterspielen.

Wenn man Kindern nichts zutraut

Ich habe Kinder unterrichtet, die schon sehr früh anfingen zu glauben, sie seien unfähig. Manchmal beobachtete ich dann Dinge, die ich als harmlos einstufte und die von Eltern gesagt oder getan wurden, die ich eigentlich für »gute« Eltern hielt. Mehr als einmal ertappte ich Eltern dabei, wie sie Dinge sagten wie: »Ich war auch schon schlecht in Mathe, deshalb bringt sie es wahrscheinlich auch nicht weit.« Und das, während das Kind danebenstand und mithörte! All meine Mühe, dieses Kind zu motivieren und ihm das Gefühl zu vermitteln, dass es den Aufgaben gewachsen sei, waren in diesen wenigen Sekunden zunichte gemacht worden! Die Mutter, die dies sagte, war normalerweise fürsorglich und liebevoll, aber dieses Beispiel zeigt, welche Bedeutung es für ein Kind haben kann, wenn ihm nichts zugetraut wird.

Wenn wir unseren Kindern mehr zutrauen würden, dann könnten sie ihre Leistungen ohne Schwierigkeiten um durchschnittlich dreißig Prozent verbessern. Tony Blair

Viele Weichen werden in der frühen Kindheit gestellt

Dinge, die uns Erwachsenen unbedeutend erscheinen, können das Leben von Kindern für immer verändern. Und wenn diese dann später den Eindruck haben, in der Kindheit bestimmte Dinge überbewertet zu haben, ist das für sie noch ein zusätzlicher Grund, sich elend zu fühlen.

Meine Mutter starb, als ich sechs war, und von da an zog ich mich in mein Schneckenhaus zurück. Jetzt bin ich viel zu schüchtern, um wieder herauszukommen, aber ich möchte auch nicht mein ganzes Leben in der Einsamkeit verbringen. Ich habe jedoch nicht den Mut, herauszukommen und auf andere Menschen zuzugehen. Diana (29)

Mein Vater verließ uns, als ich elf war. Ich dachte, es wäre meine Schuld, und ich war todunglücklich. In der Schule wurde ich immer schlechter. Jetzt habe ich diesen Job, der mir überhaupt nicht gefällt, und ich weiß, ich hätte mehr erreichen können. Meine Mutter will, dass ich aufs College gehe, aber ich glaube nicht, dass ich das schaffen würde. Alex (26)

Meine Mutter war sehr dick und ich schämte mich ihretwegen. Dann wurde ich auch immer dicker und bald lachten mich die anderen aus. Sie nannten mich »Dickerchen«. Ich aß immer mehr, um mich zu trösten, und jetzt weiß ich nicht, ob ich mir das noch mal abgewöhnen kann. Ich finde mich so hässlich und ich hasse meinen Körper. Alison (24)

Ich litt als Kind an Asthma und konnte daher viele Dinge nicht tun, die andere taten. Ich wusste, dass ich komisch war, anders eben. Ich fühlte mich wie ein Idiot. Jetzt weiß ich, dass ich nicht so hätte empfinden müssen, aber so war es nun einmal. Irgendwie komme ich mir richtig blöd vor. Derek (31)

Jeder vierte Grundschüler und jeder zehnte Schüler einer weiterführenden Schule wird von seinen Mitschülern oder Lehrern schikaniert. Jedes Jahr leiden einige Dutzend von ihnen so sehr darunter, dass sie sich das Leben nehmen. Andere versuchen es – dies ist ein stummer Schrei nach Hilfe. Die meisten sagen, sie wagten es nicht, anderen von ihren Problemen zu erzählen, weil sie Angst hätten und sich schämten, dass sie sich nicht wehren könnten.

Polly Toynbee, britische Journalistin

Wie Erwachsene ihr Selbstwertgefühl verlieren können

Ereignisse, die uns glauben machen, wir seien wertlos, sind allerdings nicht nur in der Kindheit zu suchen. Auch im Leben von Erwachsenen passieren Dinge, die unser Selbstbild grundlegend verändern können. Ich meine Dinge wie ...
– Arbeitslosigkeit (Langzeitarbeitslosigkeit bei jungen Erwachsenen, die schon nach ihrer Schulzeit keine Stelle finden, muss besonders schlimm sein);
– eine plötzliche Kündigung;
– jede Art der Ablehnung durch andere Menschen (wenn zum Beispiel eine Beziehung zerbricht) oder eine Organisation

oder Einrichtung (wenn sich zum Beispiel im Krankenhaus oder in der Schule niemand um einen kümmert; wenn man sich »Gerechtigkeit« von einem System erhofft, bei dem es keinen offensichtlich Verantwortlichen gibt, ist das anscheinend eine so schlimme Erfahrung, dass viele aufgeben und den Ärger, der durch dieses negative Erlebnis in ihnen ausgelöst wurde, für den Rest ihres Lebens mit sich herumtragen);
– jede Art von Misserfolg – zum Beispiel, wenn man eine Stelle nicht bekommt, um die man sich beworben hat, vielleicht, weil man nicht in die engere Auswahl gekommen ist, oder weil man beim Vorstellungsgespräch versagt hat, oder weil man doch nicht so tüchtig ist, wie man gedacht hatte.

Misserfolge oder Ablehnung erfährt man nicht nur durch ganz offensichtliche, dramatische Ereignisse wie etwa durch eine Scheidung. Scheinbar kleine Dinge wie das Empfinden, weniger wert zu sein, weil man zugenommen hat, eine Glatze bekommt oder älter wird, können solche Gefühle auslösen.

Nicht die Ereignisse selbst bringen uns zu der Überzeugung, wir seien wertlos und unsympathisch – es ist die Art, wie wir sie deuten und wie sie sich auf unsere Gefühlswelt auswirken.

> *Ich glaube, ich habe gar nichts anderes erwartet. Ich habe wahrscheinlich nichts Besseres verdient.*
>
> Pam (26), kurz nachdem ihre Ehe scheiterte

Traumatische Ereignisse

Viele Menschen verlieren ihr Selbstwertgefühl nach einem einschneidenden Erlebnis wie zum Beispiel einem Einbruch, einer schweren Krankheit, einer plötzlichen Kündigung oder dem Verlust eines geliebten Menschen. In einer Fernsehsendung über die Opfer von Verbrechen sah ich einen jungen Mann, der berichtete, wie er sein Selbstbewusstsein verloren hatte, nachdem ein Mann ihn und andere Menschen in der U-Bahn angeschossen hatte. Er sagte:

Dieser Verbrecher beraubte mich meiner Männlichkeit. Er zer-
störte mein Selbstbewusstsein. Ich fühlte mich lange Zeit so
hilflos ... Nur ganz allmählich ging es aufwärts ... Ich musste
schwer um meine Selbstachtung kämpfen. Aber ich habe es ge-
schafft; jetzt geht es mir wieder gut.

Depressionen und Selbstwertgefühl

Seit meine Mutter tot ist, ist mein Vater völlig in sich gekehrt.
Er sitzt den ganzen Tag herum und starrt nur aus dem Fenster.
Dann hat er auch noch seine Kündigung bekommen und das
hat ihm den Rest gegeben. Er sagt, es wäre ohnehin alles sinn-
los. Er hat keine Hoffnung mehr. Er geht nicht einmal mehr in
eine Kneipe. Er hat jegliches Selbstvertrauen verloren. Mitt-
lerweile geht es ihm etwas besser, aber er ist immer noch der
Meinung, dass er zu nichts fähig ist. Er sagt, dass es keinen
Wert hätte, etwas auszuprobieren. Er hat gute Medikamente
bekommen und jetzt tun meine Schwester und ich alles Men-
schenmögliche, um ihm sein Selbstvertrauen zurückzugeben.
Er meint, er könnte sowieso nichts richtig machen, und des-
halb versucht er es gar nicht erst.   Shelly (23)

Viele Menschen, mit denen ich gesprochen habe, waren ebenso
niedergeschlagen wie Shellys Vater. Es gibt einen engen Zusammenhang zwischen Depressionen und einem geringen Selbstwertgefühl.

Manchmal lässt sich allerdings nicht mehr feststellen, was zuerst
da war, die Depression oder das geringe Selbstwertgefühl. Aber es
scheint, als würden beide miteinander einhergehen und den Betroffenen zu Boden ziehen. Oft rutscht ein Mensch dann so tief in eine
Depression hinein, dass er sich nur noch mit medizinischer Hilfe
daraus befreien kann. Wenn Sie also selbst ein solches Problem haben, sollten Sie unbedingt einen Arzt aufsuchen. Antidepressiva machen nicht abhängig und können helfen, Ihren Alltag wieder ins Lot
zu bringen.

Was geschah nur in den Mathestunden?

Aus einigen Fallstudien, die ich in Bezug auf Ängste und mangelndes Selbstbewusstsein durchführte, ging hervor, dass den Betroffenen immer wieder gesagt worden war, sie seien schlechte Schüler und würden im Fach Mathematik versagen. Hier sind einige Beispiele, die mir in Briefen oder Gesprächen mitgeteilt wurden:

Jeden Freitagmorgen nach der Schulversammlung wurde uns das Einmaleins abgefragt. Wir mussten alle aufstehen, und dann feuerte der Lehrer die Fragen auf uns ab. Wer sie gleich beantworten konnte, durfte sich wieder setzen und bekam auch keine weiteren Aufgaben mehr gestellt. Wer aber nicht schnell genug antwortete, musste sich auf seinen Stuhl stellen und kam später noch einmal mit einer Aufgabe dran. Und wer sie dann immer noch nicht auf Anhieb lösen konnte, musste sich auf seinen Tisch stellen. Man durfte sich also nur setzen, wenn man eine Aufgabe sofort lösen konnte, aber das gelang mir nie. Ich war immer diejenige, die am Schluss als Einzige auf ihrem Tisch stand, und oft lachte mich dann die ganze Klasse aus. Schon mit sieben Jahren lernte ich auf diese Weise, dass ich eine Versagerin war.

Cassie, Mutter von drei Kindern,
die alle eine ähnlich große Angst
vor Mathematik haben

Schon in der Grundschule hatte ich die größten Schwierigkeiten in Mathematik. Später auf dem Gymnasium wurde es so schlimm, dass ich Nachhilfe nehmen musste. Das klappte auch ganz gut, und nach einigen Anläufen schaffte ich sogar die Abi-Prüfung in Mathematik, so dass ich studieren konnte. Ich habe Angst vor dem Unterrichten, aber ich habe mich entschlossen, Grundschullehrerin zu werden, weil die Mathematik da noch nicht so anspruchsvoll ist. Trotzdem muss man mir noch viel erklären, weil ich es sonst nicht kapiere.

Grace, Pädagogikstudentin (24)

Ich bin im Fach Mathematik ein hoffnungsloser Fall. Das war schon immer so. Ich kapiere das einfach nicht. Ich habe eben kein mathematisches Verständnis. Ich bin eher kreativ und poetisch veranlagt; Mathematik hat mich nie interessiert ... Als ich sechs Jahre alt war, hatte ich eine Lehrerin, die mir sagte, ich sei ein hoffnungsloser Fall in Mathematik, und wahrscheinlich habe ich ihr das geglaubt.

Emma, Pädagogikstudentin (22)

Diese Berichte haben eines gemeinsam: die Personen haben alle das Gefühl, dass sie für bestimmte Dinge nicht geeignet sind, und sie haben dieses Gefühl schon in sehr jungen Jahren entwickelt. Viele Studenten, die ich am College unterrichtet habe, waren der Meinung, dass in solchen Fällen einfach nichts zu machen ist.

Wenn man den Glauben an sich selbst verliert

Meine erste Klasse war eine Gruppe von vierzehnjährigen Teenagern, die ich im Fach Mathematik unterrichten sollte. Ich hatte zu dieser Zeit noch sehr wenig Erfahrung als Lehrerin, aber damals war es so, dass man gleich nach dem Universitätsabschluss unterrichten durfte. Ich übernahm die Vertretung für eine andere Lehrerin, die zu dieser Zeit krank war, und konnte mir auf diese Weise etwas Geld verdienen. Man gab mir zu Beginn ein paar schäbige und langweilige Mathematikbücher und sagte mir, welche Seiten ich im Unterricht durchnehmen sollte.

Als ich den Schülern dann sagte, was ich mit ihnen machen sollte, saßen sie nur da und starrten mich an. Die Seite aus dem Buch, die wir behandeln sollten, sah schrecklich langweilig aus und war sowohl für die Kinder als auch für mich völlig unverständlich. Ich schlug dann vor, dass wir uns stattdessen über Computer unterhalten könnten und darüber, welche Bedeutung sie in Zukunft haben würden. Einige fanden diese Idee gut, und es kam tatsächlich so etwas wie eine Diskussion in Gang.

Dann stand ein Junge aus der letzten Bankreihe auf und sagte düster: »Sie können uns gar nichts beibringen, Miss. Wir sind die 4E und wir sind echt schwer von Begriff.« (In dieser Schule war es so, dass die besten Schüler in die A-Klassen eingeteilt wurden, dann kamen die Klassen B, C und D und die schlechtesten Schüler waren in den E-Klassen.)

Der Junge bezeichnete sich selbst also als unfähig, etwas zu lernen. Er hatte sich aufgegeben. Er hatte wahrscheinlich erst ein Fünftel seines Lebens hinter sich, stufte sich aber bereits als hoffnungslosen Fall ein.

Dieses Erlebnis bewegte mich tief und hatte eine große Auswirkung auf mein damaliges Leben sowie auf meine Laufbahn als Lehrerin. Das, was dieser Junge sagte, beeinflusste meine Vorstellung von Erziehung und Unterricht entscheidend. Ich hoffe so sehr, dass diese jungen Menschen in ihrem Leben Liebe und Anerkennung gefunden haben.

Wenn man sich selbst aufgibt ...

Wenn wir uns selbst aufgeben, dann kann das verheerende Folgen für unser Selbstwertgefühl haben. Jemand sagte mir einmal: »Sue, ich kann einfach nicht glauben, dass sich meine Situation jemals ändern wird. Das Leben ist einfach an mir vorübergegangen.«

- Wir dürfen nicht aufgeben, denn die Dinge *können* sich doch ändern.
- Ich habe erlebt, wie Kinder sich verändert haben.
- Ich habe erlebt, wie Pädagogikstudenten, die bei ihrem ersten Mathematik-Seminar in Tränen aufgelöst waren und Migräne-Anfälle hatten, sich zu hervorragenden Lehrern entwickelten, die heute Mathematik im Hauptfach unterrichten.
- Ich habe erlebt, wie Erwachsene ihre Depression überwanden und eine gesunde Selbstachtung entwickelten.
- Ich habe erlebt, wie ich mich selbst verändert habe.

Zum Nachdenken

Es ist ganz normal, wenn man sich manchmal wie ein hilfloses, einsames Kind fühlt. Ich ging immer davon aus, dass das nicht richtig wäre, aber ich entdecke nach und nach, dass es heilsam sein kann, wenn wir über dieses verletzte kleine Kind in uns nachdenken. Auf diese Weise lernen wir uns selbst besser verstehen. Wir können mit diesem verängstigten Kind in uns sprechen. Sagen Sie ihm, dass Sie es ernst nehmen und es trösten wollen. Das klingt vielleicht albern, aber es kann wirklich eine Hilfe sein, und ich werde im Laufe des Buches darauf zurückkommen.

Praktische Tipps

1. Schreiben Sie einige der Begebenheiten auf, die Ihrer Meinung nach dazu beitrugen, dass Sie nur ein geringes Selbstwertgefühl entwickelt haben. Schreiben Sie auf, was Ihnen gerade so einfällt, und denken Sie nicht zu lange darüber nach. Oft treffen solche spontanen Gedanken genau den Kern der Sache. Und beurteilen Sie sich nicht mit Sätzen wie »Das schreibe ich besser nicht auf, das ist zu peinlich.«
Wagen Sie es! Kein Mensch wird diesen Zettel sehen. Vielleicht hilft es Ihnen, wenn Sie auf diese Weise einen Teil Ihrer Wut zum Ausdruck bringen – möglicherweise entsteht so ein erster Riss in der Mauer, hinter der Sie sich verstecken.

2. Fangen Sie an, über ihr »inneres Kind« nachzudenken. Wenn diese Vorstellung neu für Sie ist, dann machen Sie sich in Ihrem Tagebuch ein paar Notizen dazu, was dies für Sie bedeuten könnte.

5. Was geht hier eigentlich vor?

Zum ersten Mal in seinem Leben begriff Simon, dass er abso-lut einzigartig war. Seit Anbeginn der Zeiten hatte es nieman-den gegeben, der so war wie er. Es würde auch in Zukunft nie-mals jemanden geben. Anne Fine in *Das Baby-Projekt*

Vor einigen Jahren, als ich diese so hilfreiche Therapie bei John machte, versuchte er mir zu erklären, dass jedes Baby, das geboren wird, wertvoll ist. Ich hatte ihm gesagt, es sei meine Schuld, dass das Leben meiner Mutter so schwer war, dass meine Familie zerbrochen war, dass einige meiner Familienmitglieder aus dem Gleichgewicht geraten waren, dass mein Leben so schwierig war und so weiter. Es lag alles nur daran, dass ich geboren worden war.

Ich erinnere mich noch gut an den Augenblick, als er mir sagte: »Sue, man kann doch einem Baby keine Schuld geben.« Das gab mir zu denken. In den nächsten Monaten kreisten meine Gedanken um diesen Satz, und ich stellte fest, dass mein ganzes Selbstverständnis darauf beruhte, dass »alles« meine Schuld war – wobei ich unter »alles« das Chaos in meiner Herkunftsfamilie und die Unzufriedenheit meiner Mutter verstand, die, wie man mir beigebracht hatte, die wichtigste Tatsache im Universum war.

Ich brauchte lange, bis mir klar wurde, dass diese Sicht der Dinge falsch war. Wie kann man nur einem Baby die Schuld an so etwas geben? Ich hatte niemanden darum gebeten, mich zu zeugen. Wenn meine Mutter kein Kind gewollt hätte, dann hätte sie auch nicht mit so vielen Männern Sex haben dürfen, nicht wahr? Ich erkannte, dass sie selbst die Verantwortung übernehmen musste für das, was sie getan hatte.

Denken wir logisch?

Wenn wir als Kinder misshandelt worden sind, waren wir Opfer. Die Erwachsenen waren diejenigen, die die Macht hatten. Sie hätten sich um das Kind kümmern können, aber oft taten sie das einfach nicht. Sie waren die Handelnden. Wir waren die Opfer. Es war nicht unsere Schuld. (Ich wünschte, ich könnte diese Gewissheit einmal länger festhalten als ein paar Sekunden.)

Durch meine Therapie lernte ich, dass das, was wir tief in unserem Inneren glauben, nicht immer logisch ist. Es gibt Dinge, die über unsere Gefühle gesteuert werden, Dinge, die uns in unserer Kindheit beigebracht wurden, als wir uns und anderen noch nicht erklären konnten, was wir empfanden. Wir sind auch in der Lage, Dinge zu glauben, die einander widersprechen. Diese Dinge müssen ans Licht kommen. Allerdings genügt es nicht, sie verstandesmäßig zu erfassen – wir müssen uns mit unserem ganzen Wesen, unserer Seele und unserem Geist, damit auseinander setzen.

Das scheint ein sehr geheimnisvoller Prozess zu sein und ist vermutlich das, worum es bei einer guten Psychotherapie geht.

In den neun Monaten, in denen ich die »schlechte« Therapie durchlief (einige Jahre nach der Therapie bei John), sagte mir meine Therapeutin immer wieder, ich würde ständig versuchen, alles mit dem Verstand zu erfassen. Ich wusste nicht, wie ich damit umgehen sollte. Ich wusste nur, dass ich etwas falsch gemacht haben musste. Vermutlich hatte meine Therapeutin den Eindruck, dass ich dachte und nicht fühlte, und das gefiel ihr nicht. Durch meine Therapie bei John jedoch hatte ich gelernt, meinen Verstand zu gebrauchen, und dadurch Ordnung in das Chaos meiner Gefühle gebracht. Offensichtlich geht es also, wenn wir unser Leben ordnen wollen, nicht nur darum zu »fühlen«, was unsere innersten Probleme sind, sondern auch darum, sie mit dem Verstand zu »sortieren«.

Von welchen Überzeugungen lassen wir uns bestimmen?

Jeder Mensch hat Auffassungen und Vorstellungen, die sein Leben bestimmen. Manche bezeichnen diese als ihre »Religion« oder »Lebensphilosophie«; und selbst Menschen, die behaupten, sie hätten keine Religion oder Lebensphilosophie, haben eine. Denn sobald man sagt, man lasse sich im Leben nicht von bestimmten Überzeugungen bestimmen, hat man doch eine Lebensphilosophie.

46

Als ich Lehrerin wurde, hatte ich bestimmte Überzeugungen, was das Unterrichten betraf. Die erste und wichtigste war, dass alles, was ich tat, von Respekt und Achtung den Schülern gegenüber geprägt sein musste.

Und dann wurde mir klar, dass ich nie darauf gekommen war, dass auch ich Respekt und Achtung verdient hatte!

Ich begann zu begreifen, dass ich in dieser Sache vollkommen unlogisch gedacht hatte, und diese Erkenntnis erschütterte mich zutiefst.

Gehirnwäsche

Wenn man erkennt, dass man seine Grundeinstellungen ändern muss, kann das beängstigend sein. Ich glaubte, was meine Herkunftsfamilie mir beigebracht hatte – nämlich, dass alles Schlechte meine Schuld war. Gleichzeitig glaubte ich als Erwachsene, dass jedes Kind Respekt und Wertschätzung verdient hat. Diese beiden Denkmuster passten nicht zueinander und es dauerte Monate, bis ich das einsah – eigentlich bin ich immer noch dabei, es zu begreifen. Langsam bin ich so weit, dass ich sagen kann, dass auch ich wertvoll war, als ich geboren wurde. Von Geburt an war mir etwas anderes eingetrichtert worden.

Ich merke, dass es manchmal leichter und bequemer für mich ist, wenn ich hinter meiner Mauer sitzen bleibe, wo ich mich sicher fühle.

Alte Kassetten

Vieles, was wir fühlen, tun, denken oder sagen, ist absolut unlogisch. Unsere Gefühle und Einstellungen sind oft eine Mischung aus dem, was uns als kleinen Kindern gesagt wurde, und dem, was wir uns selbst einreden (oft, ohne dass uns dies bewusst ist).

Von meiner lieben Freundin Alice lernte ich schon vor Jahren etwas, das mir sehr viel weiterhalf. Alice verglich diese Gedanken mit alten Kassetten, die ständig in unserem Kopf ablaufen und uns Dinge aus unserer Vergangenheit vorspielen. Ich stelle es mir also so

vor, dass ich in meinem Kopf einen alten, klapprigen Kassetten-
rekorder habe, der mir all den alten Kram aus meiner Kindheit
vorspielt – »Du bist ein hoffnungsloser Fall ... es ist alles deine
Schuld ...« und so weiter und so weiter, Stunde um Stunde, Tag
für Tag.

Ich denke, jeder Mensch hat diese negativen alten Kassetten. Der
Unterschied zwischen mir und einer ausgeglicheneren Person ist
wahrscheinlich, dass diese mehr positive alte Kassetten besitzt und
die negativen besser unter Kontrolle hat. Vielleicht hat sie es auch
gelernt, die negativen Gedanken einfach abzuschalten.

Es ist also wichtig zu lernen, dass wir uns schlecht fühlen, wenn
wir diesen alten Kassetten Gehör schenken und ihren Botschaften
glauben. Wenn ich mir einrede, ich sei ein hoffnungsloser Fall,
dann kann ich mich nicht als wertvolle Person empfinden und
würdigen.

Jedes Baby ist wertvoll

Schon ein Neugeborenes ist unendlich wertvoll. Der Wert eines
Menschen kommt nicht erst mit den Jahren. Es geht hierbei nicht
um etwas, das man sich verdienen muss, sondern um etwas, das einem angeboren ist.

Wir wurden schon als wertvolle Menschen geboren. Jeder ist
absolut einzigartig. Die Art und Weise, wie Ärzte und Kranken-
schwestern ein neugeborenes Baby behandeln, spiegelt genau das
wider. Ärzte und Hebammen halten das Baby ganz vorsichtig, lächeln es an und untersuchen so schnell wie möglich alle lebens-
wichtigen Funktionen. Atmet das Kind? Reagiert es? Muss es in
einen Brutkasten?

Dann wird es in eine Decke gehüllt und der Mutter gegeben. Dieser neugeborene kleine Mensch kommt direkt von Gott und ist von
unschätzbarem Wert. Die Tatsache, dass man ein Baby für ein wertvolles Geschöpf hält, ist die Grundlage menschlichen Lebens. Unser Instinkt treibt uns dazu, unsere Kinder zu schützen. Es geht hier
um den Erhalt der Menschheit, aber auch darüber hinaus. Die meisten Menschen sind schon bei dem Gedanken entsetzt, dass jemand

einem Kind etwas antut. Diejenigen, die Kinder missbrauchen, werden von der Gesellschaft geächtet. Das ist der Beweis dafür, dass wir Menschen jedes Kind als ein sehr wertvolles und bedeutendes Geschöpf betrachten.

> *Ein neugeborenes Baby glaubt noch nicht, dass irgendetwas mit ihm nicht stimmt. Es ist von Grund auf zufrieden und neugierig, und wenn etwas nicht seinen Bedürfnissen entspricht, dann beschwert es sich. Aber schon bald wird ihm erklärt, dass es nicht in Ordnung ist, sich zu beschweren. Babys finden das unfair; und bald darauf wird ihnen dann klargemacht, dass sie selbst nicht in Ordnung sind, so wie sie sind.*
> Dorothy Rowe, *Ich entscheide mich für das Leben*

Damit in der Welt Fröhlichkeit, Frieden, Liebe und Gerechtigkeit herrschen können, muss jeder von seinen Mitmenschen Wertschätzung erfahren. Das ist auch das Geheimnis einer gut funktionierenden Gesellschaft. Wenn Beziehungen und Familien zerbrechen und grundlegende Werte wie Nächstenliebe und gegenseitige Rücksichtnahme über Bord geworfen werden, dann liegt das meist daran, dass sich eine Gesellschaft in die falsche Richtung entwickelt.

Ich glaube, dass ich wertvoll bin, weil Gott mich – und alle Menschen – als wertvoll betrachtet. Der Glaube an Gott ist jedoch keine Voraussetzung dafür, um sich wertvoll zu fühlen. Wenn sich die Menschen gegenseitig keine Wertschätzung entgegenbrächten, dann würde unsere Welt noch mehr von Habsucht, Krieg, Missbrauch und Ungerechtigkeit beherrscht werden, als dies bereits der Fall ist.

Viele Kinder erfahren keine Wertschätzung

Ich bin also der Meinung, dass jeder Mensch wertvoll ist. Aber nicht alle bringen ihren Mitmenschen Wertschätzung entgegen. Wenn ein Mensch schon in frühester Kindheit keine Wertschätzung erfährt, kann dies ein geringes Selbstwertgefühl, Kriminalität, Traurigkeit, Gewalt, tiefe Unzufriedenheit, Depression, Selbstmord und anderes zur Folge haben – all dies sind Symptome dafür, dass ein Mensch nicht den Respekt und die Wertschätzung erfahren hat, die ihm eigentlich zustanden. Wer Kinder missbraucht, wurde oft selbst in seiner Kindheit missbraucht, und der Verlust der gegenseitigen Wertschätzung zieht sich so durch die Generationen.

Der Grund, dass ein Kind keine Wertschätzung erfährt, ist also, dass die Erwachsenen selbst keine heilen, gesunden Menschen sind. Ob ein Kind jedoch gequält, ausgesetzt oder zur Adoption freigegeben wird, ob es behindert ist oder ob es heiß und innig geliebt wird, ändert nichts an seinem Wert. Ungeachtet der Umstände, in die es hineingeboren wird, ist es wertvoll.

> *Darum, wenn jemand sich selbst erniedrigen wird wie dieses Kind, der ist der Größte im Reich der Himmel; und wenn jemand ein solches Kind aufnehmen wird in meinem Namen, nimmt er mich auf. Wenn aber jemand einem dieser Kleinen, die an mich glauben, Anlass zur Sünde gibt, für den wäre es besser, dass ein Mühlstein an seinen Hals gehängt und er in die Tiefe des Meeres versenkt würde.* Jesus von Nazareth

---

Zum Nachdenken

– Vertrauen Sie sich selbst.
– Wir dürfen uns keinesfalls mit anderen vergleichen (es sei denn, wir wollen uns jemanden zum Vorbild nehmen und versuchen, demjenigen ähnlicher zu werden). Wenn wir uns selbst dabei ertappen, wie wir uns mit anderen vergleichen (»Er ist ein viel besserer Mensch als ich ...«) und uns dabei abwerten, dann müssen wir diesen Gedanken sofort abschütteln. Er ist unberechtigt und destruktiv.

> *Jeder, der von Prinzessin Diana berührt wurde, hatte das Gefühl, ein besonderer Mensch zu sein.* Chris de Burgh

Praktische Tipps

1. Versuchen Sie die Verletzungen, die Sie als Kind erfuhren, aufzuschreiben. Fangen Sie so an: »Ich erinnere mich daran, wie
   ich ...« Es ist ganz normal, wenn Sie danach verärgert sind, vor
   Wut weinen oder sich niedergeschlagen fühlen. Als Kind verletzt
   zu werden, ist äußerst schlimm. Wir können anfangen, uns selbst
   zu helfen, indem wir uns klarmachen, dass das damals unsere
   Welt erschütterte. Wenn wir dann soweit sind, dass wir sagen
   können: »Ja, das war wirklich schrecklich«, dann haben wir den
   ersten Schritt dazu getan, unser Leben wieder in den Griff zu
   bekommen.

2. Denken Sie noch ein bisschen mehr über ihr verletztes inneres
   Kind nach.

6. Der Versuch, den Erwartungen anderer zu entsprechen

Drogenkonsum und ungeschützter Sex sind Selbstmord auf Raten. Menschen mit geringem Selbstwertgefühl sind besonders anfällig dafür.   Ein amerikanischer Psychologe im BBC

Ich fühlte mich prächtig. Als ich das Geschäft verließ, war ich mit mir und der Welt zufrieden. Ich hatte eine Hose in Größe 40 erstanden und ich lief mit einem idiotischen, selbstgefälligen Grinsen umher.

In Wirklichkeit wusste ich, dass die Hose nur passte, weil sie weit geschnitten war und einen Gummibund hatte. Natürlich hatte ich nicht so viel abgenommen, dass ich auf einmal Kleider tragen konnte, die zwei Nummern kleiner waren. Aber weite Flatterhosen waren zu dieser Zeit gerade modern und somit bot diese Hose genügend Platz für meine ständig wachsenden Speckpolster.

Unsere westliche Kultur gibt uns ja ganz klar zu verstehen, dass wir wie Models auf Laufstegen und in Filmen auszusehen haben. Die Tatsache, dass diese Models alle so aussehen, als lebten sie ausschließlich von Luft und diesen ekelhaften Drinks, die als Nahrungsersatz dienen, ignorieren wir einfach und denken: »So sollte ich auch aussehen!« Wir müssen so perfekt aussehen wie der attraktive Mann in den angesagten Markenjeans oder wie die vollkommene Frau, die unsere Kultur erdacht hat, damit wir etwas haben, wonach wir streben können.

Unsere Kultur vermittelt uns bestimmte Werte

Die Werbung im Fernsehen macht uns deutlich, was wir tun müssen, um »in« zu sein: Wir müssen den richtigen Kaffee trinken, »coole« Klamotten tragen, ein Handy besitzen, die neuste Musik hören, Vorzeigekinder haben, strahlend-weiße T-Shirts tragen und uns die richtige Margarine aufs Brot streichen. Das entsprechende

Produkt verspricht uns dann ein fröhliches Gemüt, alle Tage Sonnenschein, die Bewunderung der Menschen, die wir beeindrucken wollen, und vielleicht bekommen wir sogar gratis einen Plastik-Boomerang, wenn wir bis Ende nächster Woche tausend Marken eingesandt haben, die wir beim Kauf des jeweiligen Produktes erhalten.

Die Erwartungen unserer Mitmenschen

Es gibt wahrscheinlich niemanden, der nicht von den Erwartungen beeinflusst wird, die seine Mitmenschen an ihn stellen. Eine Fünfzehnjährige schnappt ganz unbewusst die Botschaft auf, dass sie zur absoluten Außenseiterin wird, wenn sie nicht eine Figur hat wie die Mädchen in *Baywatch*. Sie fängt also an, ihren Körper zu hassen. Sie hält strenge Diäten ein und hungert sich ein Pfund nach dem anderen herunter, und all das in dem Glauben, sie werde auf diese Weise besser von den anderen akzeptiert.

Als Kind wurde ich gehänselt, weil ich ein wenig Übergewicht hatte. Ich begann also, mich zurückzuziehen. Ich aß, um mich zu trösten. Ich wusste, dass ich dick und hässlich war. Immer, wenn ich fastete, nahm ich ab, aber jedesmal, wenn ich wieder anfing zu essen, wurde ich schwerer und dicker als zuvor. Mit 23 war ich dann so dick, dass ich mich nicht vors Haus traute, weil ich mich so schämte. Barbara (34)

Die Erwartungen, denen wir meinen entsprechen zu müssen, können von Freunden stammen, aus Zeitungen und Zeitschriften, die wir lesen, von Plakatwänden, an denen wir auf dem Weg zur Arbeit vorbeikommen, und aus dem Fernsehen. Die Werbung nutzt unsere Leichtgläubigkeit schamlos aus. Man verspricht uns eine perfekte Figur oder eine makellose Haut, wenn wir das entsprechende Produkt verwenden, nahtlose Bräune, wenn wir uns unter die richtige Lampe legen oder die richtige Selbstbräunungscreme verwenden, und so weiter.

Anpassen oder ignorieren?

Die Werbung will uns dazu bringen, dass wir danach streben, perfekt zu sein – alterslos, immer elegant gekleidet in der Farbe, die im jeweiligen Jahr modern ist.

Wir können diese Erwartungen als unnötige Zwänge abtun, denen wir uns nicht zu unterwerfen brauchen. Dabei dürfen wir allerdings eins nicht übersehen: Die meisten von uns lassen sich bewusst oder unbewusst von ihnen beeinflussen! (Es war für mich sehr erfreulich, von einigen, die den Entwurf dieses Kapitels gelesen hatten, zu hören, dass sie sich nicht dem Druck der Medien ausgesetzt fühlten! Das ist wirklich beeindruckend – und ermutigend!)

Leistungsdruck

Der Anspruch auf Perfektion betrifft nicht nur das äußere Erscheinungsbild. Ich habe mit Leuten gesprochen, die erzählten, dass sie aus Familien stammten, in denen es nicht toleriert wurde, wenn man nicht perfekt war. Manchmal ging es dabei um das Benehmen oder das Aussehen, aber meist betraf es die schulischen Leistungen.

Julie berichtete mir, wie ihr Vater ihr Zeugnis betrachtet hatte, in dem lauter Einsen gestanden hatten – außer in Mathematik. Da hatte sie eine Zwei gehabt. Er hatte sie angesehen und gefragt, was in aller Welt in Mathematik mit ihr los sei? Wenn sie in allen anderen Fächern eine Eins bekommen habe, dann hätte sie auch in Mathematik eine Eins schaffen müssen! Zu den anderen Einsen sagte er kein Wort. Julie wusste genau, dass sie, gleichgültig, was sie tat, niemals seinen Erwartungen entsprechen konnte. Sie fing an, zwanghaft zu essen, und als sie achtzehn war, wog sie 95 Kilo.

Wie reagieren wir auf unrealistische Erwartungen?

Solche und ähnliche Geschichten von unverhältnismäßig hohen Erwartungen wurden mir immer wieder berichtet, und zwar von Menschen aller Altersstufen, unabhängig davon, aus was für Familien sie kamen, welchen Beruf sie hatten und in welcher Lebenssituation sie sich befanden. Manche von ihnen waren immer noch von ungeheurer, geradezu erschreckender Wut erfüllt.

Meine Eltern wussten genau, was sie von mir wollten. Ich sollte zur Universität gehen. Sie selbst hatten beide die Universität besucht, allerdings weder Oxford noch Cambridge. Solange ich zurückdenken kann, bläuten sie mir ein, dass ich es auf eine der beiden schaffen musste. Eine andere Universität hätte ihren Vorstellungen nicht entsprochen. Diese Erwartung wirkte sich auf meine gesamte Schulzeit aus. Wenn ich nicht ständig Einser schrieb, würde ich es nicht schaffen. Ich wusste, dass es nicht ging. Und ich begann mich zu fragen, ob sie mich noch haben wollten, wenn ich ihre Erwartungen nicht erfüllte.

Minal (20)

Mein Vater ließ nie einen Zweifel daran, was er von mir erwartete. Ich sollte Leistungsschwimmer werden. Von meinem vierten Lebensjahr an schickte er mich zum Schwimmunterricht, und als ich dann sechs Jahre alt war, musste ich an vier Tagen in der Woche vor der Schule im Schwimmbad Bahnen schwimmen. Außer meiner Karriere als Schwimmer schien ihm nichts an mir wichtig zu sein. Selbst im Urlaub fuhren wir nur an Orte, wo es ein Schwimmbad gab, in dem ich trainieren konnte. Als ich dann acht oder neun Jahre alt war, war ich natürlich schon ziemlich gut, aber das reichte ihm nicht. Ich musste der Beste sein, und wenn ich in einem Wettkampf nicht gewann, dann musste ich in der darauffolgenden Woche noch mehr trainieren. Es reichte ihm nicht, dass ich gut war. Ich musste der Beste sein.

Tony (32), der seit seinem 17. Lebensjahr an Depressionen leidet, einige Zeit studierte und dann sein Studium wegen der Depressionen abbrechen musste

Immer der (die) Beste sein ...

Ich habe häufig an Schulen beobachtet, wie Kinder miteinander konkurrieren – oft genug unnötigerweise und erzwungenermaßen. Und ich habe mich gefragt, ob dies wirklich Sinn hat.

- Kinder mögen Wettrennen und freuen sich, als Erste ins Ziel zu kommen – wenn sie allerdings mit älteren Geschwistern mithalten sollen, dann spüren die Jüngeren, dass sie keine Chance haben.
- Kinder mögen es, gegen eine andere Schulmannschaft zu spielen, aber man muss aufpassen, dass aus dem gesunden Teamgeist kein gefährlicher Fanatismus wird.

Als Lehrerin war es mir wichtig herauszufinden, wo jedes Kind seine Fähigkeiten hatte, so dass diejenigen, die sportliche Wettkämpfe hassten, zum Beispiel für das gelungene Modell einer Windmühle gelobt werden konnten und diejenigen, deren Windmühlen völlig missglückt waren, dafür gelobt werden konnten, wie gut sie im Schulorchester mit der Trommel den Takt hielten.

Meine eigenen Kinder bekamen manchmal Belohnungen, aber ich achtete darauf, dass sie die Dinge, die sie taten, nicht nur wegen der Belohnungen taten. Ich fand es einfach schön, ihnen sagen zu können, dass sie ihre Sache gut gemacht hatten und dass ich ihnen deshalb gern eine Freude machen wollte.

Problematisch wird es dann, wenn Menschen glauben, dass sie »die Besten« sein müssen: der junge Geschäftsmann, der es ganz an die Spitze schaffen will, auch wenn er dabei die Familie vernachlässigt, oder der junge Musikstudent, der Konzertpianist werden möchte, koste es, was es wolle.

Das Problem bei diesem inneren Druck, der oder die Beste sein zu müssen, ist die gefährliche Botschaft, die damit einhergeht – dass man nämlich nur dann etwas wert ist, wenn man Erfolg hat. Viele Menschen müssen diese Erfahrung schon in der Schule machen. Aber das Kind, das es bis zur Universität schafft, ist keinesfalls wertvoller als das Kind, das die Schule ohne einen Abschluss verlässt.

»Gut genug« zu sein ist gut genug!

Einige Leser meines Buches *Mach den ersten Schritt* sagten mir, es habe ihnen geholfen zu erkennen, dass es ausreicht, wenn sie einfach nur »gut genug« sind. Diese Idee stammt ursprünglich von Donald Winnicot.

Wir müssen nicht die perfekte Tochter sein, die perfekte Mutter, der perfekte Vater, der perfekte Liebhaber, der perfekte Taxifahrer oder Buchhalter oder Clown oder Maurer oder Kellner oder Student. Es reicht, wenn wir »gut genug« sind.

Zum Nachdenken

Wir müssen nicht den Erwartungen der anderen entsprechen. Wir müssen einfach nur wir selbst sein – das ist »gut genug«.

Praktische Tipps

Überlegen Sie sich, in welchen Bereichen Ihres Lebens Sie dazu neigen, zu viel von sich zu erwarten. Schreiben Sie dann einige Sätze wie:
- Ich könnte versuchen, eine Mutter/ein Kind/ein Arzt usw. zu sein, der (die) einfach nur »gut genug« ist.
- Ich könnte versuchen, in meiner Freundschaft zu ... und in meiner Tätigkeit als Hausfrau und Chauffeurin für die Kinder einfach nur »gut genug« zu sein.

Wenn es Ihnen geht wie mir, dann werden Sie sich wieder und wieder ermahnen müssen, dass es ausreicht, einfach nur »gut genug« zu sein. Es ist so leicht, in diese »Ich-muss-in-allem-perfekt-sein«-Falle zu treten!

Dritter Teil

Gefangen hinter der Mauer

7. Scham und Schuld

Der Weg in die Depression ist vielleicht die einzige Möglichkeit, wie ein normaler Mensch mit dem Wahnsinn, dem wir ausgesetzt sind, zurechtkommen kann.   Janet Daley

Dieses Kapitel handelt von jenen Gedanken und Gefühlen, die uns hinter unserer Mauer gefangen halten.

Ein geringes Selbstwertgefühl hat offenbar einiges mit Scham- und Schuldgefühlen zu tun, die ihrerseits häufig Depressionen auslösen.

– Beschämt erinnern wir uns an Dinge, die wir getan haben. Sie sind die Quelle unserer Schuldgefühle.

– Beschämt erinnern wir uns an niederschmetternde Aussagen über die eigene Person, mit denen wir grundlos niedergemacht wurden.

– Wir erinnern uns an etwas, das wir getan haben und das in unseren Augen falsch oder beschämend war. Dann reden wir uns ein, dass wir deswegen für immer verdammt sind, und brandmarken uns als Lügner, Diebe, Idioten oder was auch immer.

Es ist, als würde man zu sich selbst sagen: »Ich habe diese dumme Sache gemacht, und darum bin ich durch und durch schlecht.« Das ist eine glatte Lüge!

Das Gefühl der eigenen Wertlosigkeit, das durch eine falsche Handlung ausgelöst wurde, überwältigt uns und erfüllt uns mit Scham über das, was wir sind. Wir müssen erkennen, dass es völlig unberechtigt ist, von einer falschen Handlung auf die Wertlosigkeit der ganzen Person zu schließen.

Schamgefühle beziehen sich auf das, was wir sind, nicht auf etwas, das wir getan oder gesagt haben. Sie sagen uns, dass wir wertlos sind. Absolut wertlos.
Lewis Smedes in seinem wertvollen Büchlein
Die heilende Kraft des Vergebens

– Wir fühlen uns wertlos, nicht liebenswert, und meinen, wir würden niemals etwas taugen.
– Wir verachten uns selbst, und die Scham, die wir empfinden, ist die Wurzel für unser geringes Selbstwertgefühl.
– Weil wir uns schämen, beginnen wir uns eine dicke Mauer zu bauen, hinter der wir uns verstecken können und die wir gegebenenfalls auch in einen Turm umbauen können, so dass wir von niemandem gesehen werden. So fühlen wir uns endlich sicher und können auch niemandem auf der anderen Seite der Mauer Schaden zufügen.

Unangebrachte Gefühle

In Augenblicken, in denen wir diese Scham und diese Schuldgefühle empfinden, die auf unserem mangelnden Selbstwertgefühl beruhen, müssen wir uns bewusst machen, dass unsere Gefühle und die Urteile, die wir über uns selbst fällen, oft falsch und unangebracht sind.

Wenn Sie Gedanken haben wie
– ich bin zu nichts nütze,
– ich wäre besser nie geboren worden,
– ich schäme mich, weil ich so schwach bin,
oder was auch immer ihre »Runterzieher« sind, dann machen Sie sich klar, dass diese Gedanken schlichtweg falsch sind. (Das klingt schon fast so, als würde mir das nie passieren!)

Wir alle schleppen solchen »Müll« mit uns herum – ich weiß nicht, wie ich es sonst nennen soll. Dieser Müll hat sich bei uns über die Jahre angesammelt und wir haben ihn denjenigen zu verdanken, die uns so oft heruntergemacht haben.

Schuld

Wenn wir wirklich etwas falsch gemacht haben, wie zum Beispiel jemanden absichtlich zu verletzen, zu lügen oder was auch immer, dann ist unser Schuldgefühl angebracht und es treibt uns dazu, um

Verzeihung zu bitten. Wenn es uns dann wirklich Leid tut, wird das Schuldgefühl wahrscheinlich wieder vergehen. Es wäre vermutlich der Idealzustand, wenn das Schuldgefühl verschwinden würde, sobald man Reue verspürt. Bei mir ist es allerdings so, dass ich das Schuldgefühl nicht einfach abschütteln kann und mich daher häufig mit ihm hinter meine Mauer verkrieche.

Ich habe immer wieder mit Hassgefühlen zu kämpfen und fühle mich dann deswegen schuldig. Durch meine Therapie habe ich jedoch erkannt, dass Hass eigentlich etwas ganz Normales ist. Offensichtlich bin ich irgendwann zu der Überzeugung gekommen, dass es schrecklich ist, Hass zu verspüren. Aber ich verspüre ihn trotzdem, und ich mache mich nur selber fertig, wenn ich mich deswegen ständig schuldig fühle. Es wäre viel besser für mich, wenn ich meine Gedanken und meine Energie auf etwas Positives konzentrieren könnte – zum Beispiel darauf, dass ich dieses aggressive *Gefühl* nicht in eine aggressive *Handlung* umzusetzen brauche.

Unberechtigte Schuldgefühle

In vielen Gesprächen, die ich in der Zeit führte, als ich dieses Buch schrieb, durfte ich erleichtert feststellen, dass ich nicht die Einzige bin, die sich für Dinge schuldig fühlt, für die sie eigentlich gar nicht verantwortlich ist. Es gibt immer wieder Situationen, in denen die Schuld nicht bei uns selbst zu suchen ist. Eine sympathische, liebenswerte junge Frau erzählte mir zum Beispiel, dass sie sich schuldig fühlt, weil sie es einfach nicht fertig bringt, nach Hause zu gehen. Ihr Vater missbraucht sie sexuell und ihre Mutter weiß davon. Und diese junge Frau ist diejenige, die sich schuldig fühlt!

Dinge, mit denen wir nicht zurechtkommen

Ich habe im Laufe meiner Recherchen eine ganze Anzahl von Personen gefragt, ob es in ihrem Leben Dinge gebe, mit denen sie nicht zurechtkommen – Dinge, die sie aus der Fassung brächten. Hier sind einige Punkte, die mir berichtet wurden:

- mit den Eltern zusammen zu sein;
- jemandem zu begegnen, der an die Mutter, den äußerst kritischen Vater, den Lehrer usw. erinnert;
- sich gedemütigt zu fühlen;
- vor vielen Menschen sprechen zu müssen;
- zum Arzt zu gehen;
- eine schwere Entscheidung treffen zu müssen;
- sich in einer Konfliktsituation zu befinden;
- kritisiert zu werden.

Dass auch andere Menschen mit den letzten beiden Punkten Probleme haben, hat mich sehr erleichtert. Mit diesen beiden Punkten habe ich immer wieder zu kämpfen – ich komme einfach nicht damit zurecht.

Ich habe mich schrecklich angestrengt, den Umgang mit Kritik und Konfliktsituationen zu lernen, und ich merke auch, dass es mir inzwischen besser gelingt. Trotzdem kann mich so etwas noch fertig machen. Vermutlich habe ich noch nicht genug innere Stärke und Selbstbewusstsein, um richtig darauf reagieren zu können, nämlich zuzuhören und mich dann zu entscheiden, ob ich das Gesagte akzeptiere oder ob ich erläutere, warum ich auf die eine oder andere Weise gehandelt habe.

Auf die Frage, wie die Betroffenen reagieren, wenn sie sich in die Enge getrieben und abgelehnt fühlen, bekam ich häufig die Antwort, dass sie sich in solchen Situationen am liebsten hinter ihre Mauer zurückziehen. Andere Antworten waren zum Beispiel:
- essen (Schokolade als Trostpflaster),
- Alkohol trinken,
- weinen,
- Telefonbücher zerfetzen,
- einen Wutanfall bekommen,
- laute Musik hören oder fernsehen,
- sich vor aller Welt verstecken.

In solchen Situationen esse ich auch Schokolade oder weine, aber am liebsten nehme ich dann meinen Teddybär und ziehe mich an einen sicheren Ort zurück, zum Beispiel in mein Schlafzimmer, wo ich meine Bilder von Pinguinen und Papagaientauchern ansehen und die Gegenstände betrachten kann, die für mich mit positiven Erinnerungen verbunden sind.

Zum Nachdenken

- Setzen Sie sich jedes Jahr ein erreichbares Ziel.
- Verbringen Sie Ihre Zeit mit Menschen, die Sie inspirieren und zum Lachen bringen, nicht mit Menschen, die Sie irritieren oder langweilen.
- Halten Sie morgens beim Aufstehen einen Augenblick inne, um Ihren Tagesablauf zu durchdenken. Versuchen Sie dabei die Dinge in ein positives Licht zu rücken. Ich versuche zum Beispiel immer, mir vorzustellen, wie ich ausgiebig frühstücke, meine Post ordentlich durchsehe und mich anschließend mit einem Lächeln an meine Schreibarbeit begebe. (Wenn wir lächeln, führt das erstaunlicherweise oft dazu, dass wir uns tatsächlich besser fühlen.)
- Trinken Sie manchmal etwas anderes als koffeinhaltigen Kaffee. Kräutertees zum Beispiel tragen dazu bei, dass man entspannter ist, sich besser fühlt und Stress leichter abbauen kann.

Praktische Tipps

1. Es ist völlig unangebracht, sich seiner selbst zu schämen. Tragen Sie in Ihrem Tagebuch einmal die Gründe zusammen, aus denen Sie sich schämen, und setzen Sie sich gedanklich damit auseinander.

2. Beschreiben Sie in Ihrem Tagebuch die Person, die Sie gerne wären: freundlich, nett, großzügig, dankbar, mitfühlend, sensibel und so weiter. Versuchen Sie dann positiver über sich selbst zu denken und daran zu arbeiten, zu dieser Person zu werden, statt sich einzureden, Sie würden es nie schaffen, diesem Bild zu entsprechen. Fangen Sie langsam an – beschließen Sie zum Beispiel, eine Woche lang jeden Tag eine nette Tat zu tun. So kommen Sie Ihrem Ziel Schritt für Schritt näher.

3. Wir sollten aufhören, uns für Dinge schuldig zu fühlen, für die wir eigentlich gar nichts können. Werden Sie wachsam gegen-

über dieser Art von Schuldgefühlen. Wenn Sie etwas falsch ge-macht haben, dann sollten Sie versuchen, es wieder in Ordnung zu bringen. Wenn es allerdings nicht Ihre Schuld war, dann soll-ten Sie sich dessen bewusst sein und dieses Schuldgefühl von sich weisen. (Leichter gesagt als getan, ich weiß!)

4. Filtern Sie die Situationen heraus, mit denen Sie im Leben am schwersten zurechtkommen. Schreiben Sie sie in Ihr Tagebuch und versuchen Sie herauszufinden, was so schlimm an ihnen ist. Wenn man weiß, warum man so unter einer bestimmten Situation leidet, kann das eine große Hilfe sein.

5. Finden Sie eine Strategie, wie Sie sich verhalten wollen, wenn Sie wieder einmal mit einer solchen Situation konfrontiert wer-den. Wenn wir genau vorausplanen, wie wir uns in solch einer Lage verhalten wollen, dann ist das ein erster Schritt im Kampf gegen unser geringes Selbstwertgefühl.

8. Der Umgang mit der Wut

Das kontrollierte Zusammenspiel von Körper, Geist, Verstand und Gefühlen ist die ständige Herausforderung, der wir uns stellen müssen. Jack Dominian in *The Capacity to Love*

Ich koche vor Wut. Ich habe eine Arbeitskollegin, die mich wieder und wieder enttäuscht. Sie versucht mich zu kontrollieren – wenn ich so etwas merke, sehe ich sowieso rot! Jedesmal, wenn ich versuche, mit ihr ein vernünftiges Gespräch über ihre Arbeit zu führen, fällt sie über mich her und schreit und rechtfertigt sich, so dass ich einen Rückzieher mache und ihr sage, dass alles okay ist, auch wenn das nicht stimmt. Ich bin zu allem bereit, sogar zum Lügen, wenn sie sich nur wieder beruhigt und aufhört, mich anzuschreien.

Ich denke dann, ich »sollte« mich doch nicht davon einschüchtern lassen, wenn mich jemand anschreit. Aber es fällt mir sehr schwer, diese Angst vor Wutausbrüchen loszuwerden, die sich bereits in meiner Kindheit entwickelt hat. Es ist einfach eine Tatsache, dass ich es nicht ausstehen kann, wenn mich jemand anschreit, besonders dann, wenn ich eigentlich nur vernünftig mit jemandem über etwas sprechen will, das wir dringend ändern müssen, weil wir sonst einen bestimmten Termin nicht einhalten können.

Kindheitserinnerungen können Auswirkungen auf das ganze Leben haben

Ich kann mich noch gut erinnern, wie ich als Kind immer auf der Treppe saß und die Streitereien zwischen meiner Mutter und meinem Stiefvater wahre Panikattacken in mir auslösten. Ich saß immer wie gelähmt da, wenn ich mit anhören musste, wie die beiden sich gegenseitig beschuldigten, wie sie ihren blanken Hass zum Ausdruck brachten und wie sie sich brutal bedrohten. Oft hörte ich, wie sie irgendwelche Gegenstände zertrümmerten, und wie erstarrt wartete ich so manches Mal auf meinen eigenen Tod.

Meine Halbbrüder kamen dann meist aus ihren Zimmern, und gemeinsam warteten wir auf unser Ende. Wir sprachen nie darüber, auch nicht an den darauffolgenden Tagen. Vielleicht war der Schmerz über das Erlebte zu groß, als dass wir darüber hätten sprechen können. Vielleicht fehlten uns aber auch die richtigen Worte, unseren Gefühlen Ausdruck zu verleihen. Vielleicht wollten wir das Ganze auch nicht noch einmal durchmachen, indem wir darüber redeten.

Beim Frühstück lagen dann Scherben auf dem Küchenboden und die kalte Morgenluft strömte durch die zerbrochenen Fenster und Türen.

Dann kam ein Handwerker, der uns natürlich fragte, wie das alles passieren konnte.

»Mein Papa ist nicht ins Haus gekommen«, sagte dann mein jüngerer Bruder.

»Aber musste er deswegen all die Fensterscheiben und die Tür zertrümmern?«, fragte der Mann.

Wir gaben ihm keine Antwort und aßen unsere Cornflakes aus ungewohnten Schüsseln, weil die, die wir bis dahin benutzt hatten, kaputt in der Mülltonne lagen.

Angsterfüllt gingen wir dann zur Schule. Würde unser Haus noch stehen, wenn wir zurückkamen? Würde uns jemand ein Mittagessen zubereiten? Würde die Welt bald untergehen?

In der Schule schottete ich mich völlig von den anderen ab. Die Lehrerin gab mir oft Schläge auf die Hand, weil ich nicht aufpasste. Sie ließ mich nach vorne kommen und brüllte mich an. Sie stellte mir Fragen, die ich nicht beantworten konnte; und sie wusste, dass ich es nicht konnte – darum stellte sie sie mir.

Ich zog mich immer mehr zurück.

Ich weinte nie – es ging schließlich allen so. So war das Leben. Ich biss die Zähne zusammen, floh in meine Fantasiewelt und träumte von Eltern, die mich liebevoll in die Arme schlossen, so dass ich mit der inneren Sicherheit einschlafen konnte, dass das Leben weitergehen würde, wenn ich am nächsten Morgen wach wurde.

Kinheitsängste sind oft die Ursache für Wutanfälle im Erwachsenenalter

Vermutlich haben wir alle in unserer Kindheit traumatische Dinge erlebt:

- den Tod eines geliebten Großelternteils,
- den Verlust eines Freundes,
- Unfälle,
- die Erkenntnis, dass die Welt ein beängstigender Ort ist, wenn man klein ist und seine Gefühle und Bedürfnisse nicht mitteilen kann.

Wahrscheinlich schleppt also jeder Mensch Gefühle mit sich herum, die er als Kind nicht verarbeiten konnte. Wenn man dann erwachsen ist, kommen diese Gefühle oft auf seltsame Weise wieder zum Vorschein. Vielleicht in der Form, dass man wegen bestimmter Kleinigkeiten wütend wird.

Mittlerweile bin ich so weit, dass ich hinter diesen Kleinigkeiten Dinge erkenne, die tief in mir verborgen liegen, Gefühle, die ihren Ursprung in meiner Kindheit haben. Und es ist offensichtlich ein lebenslanger Prozess, diese Zusammenhänge verstehen zu lernen.

In der Zwischenzeit versuche ich diese kleinen Anlässe, die so leicht Wut auslösen können, in den Griff zu bekommen (ich bin sicher, dass jeder Mensch dieses Problem kennt), so dass sie nicht außer Kontrolle geraten, was nur allzu schnell passieren kann.

Stressfaktoren identifizieren

Es ist wichtig, dass wir die Dinge, die uns belasten, erkennen und verstehen lernen, welche Kindheitserlebnisse uns möglicherweise beeinflussen. Auf diese Weise bekommen wir sie besser in den Griff. Hier sind einige dieser Dinge, die ich in den letzten Monaten bei mir festgestellt habe:

- Angst, wenn sich Besuch zum Essen oder Übernachten ankündigte,
- Überlastung am Arbeitsplatz und das Gefühl, nicht genug Zeit für alle Aufgaben zu haben,

- Panik angesichts der Weihnachtsvorbereitungen,
- Angst beim Vorbereiten eines Seminars. (Wird es den Teilnehmern etwas bringen? Werde ich es schaffen?)

Wenn wir wirklich versuchen, einige dieser manchmal ganz unerwarteten Angstattacken, Irritationen und Belastungen zu verstehen, dann werden wir feststellen, dass dabei Gefühle aus unserem Innersten ans Licht kommen.

Bei mir sind das zum Beispiel folgende:
- die Wut, zurückgewiesen oder gedemütigt zu werden;
- panische Abwehr, wenn jemand versucht, mich zu kontrollieren oder zu manipulieren (wenn mir jemand sagt, ich »sollte« oder »müsste« irgendetwas tun, werde ich ziemlich wütend!);
- die Angst vor dem Zusammensein mit anderen Menschen und das Bedürfnis nach persönlichem Freiraum.

Für Sie mag das vielleicht ganz anders aussehen.

Durch Gespräche mit Menschen mit einem geringen Selbstwertgefühl wurde mir klar, dass Wut eine ganz normale Reaktion ist. Die Wut, die so oft in uns steckt, verstehen zu lernen, ist ein wichtiger Schritt, wenn wir uns selbst wirklich kennen lernen wollen.

Sich selbst Schaden zufügen

Viele Menschen, die an Depressionen leiden oder ein geringes Selbstwertgefühl haben, haben häufig den Wunsch, sich auf die eine oder andere Weise Schaden zuzufügen. Bei mir ist es zum Beispiel so, dass ich einfach den Wunsch verspüre, meinen Körper zu verletzen – mir die Pulsadern aufzuschneiden oder meinen Kopf gegen eine Mauer zu schlagen. Ganz egal, was – Hauptsache, es tut weh. Und es ist ziemlich schwer, gegen diesen Impuls anzukämpfen (was mir heute meistens gelingt). Manchmal hilft es mir, wenn ich mich dann an einen Ort flüchte, an dem ich mich sicher fühle.

Es ist trotz allem eine sonderbare Angelegenheit. Wenn irgendetwas schief läuft, dann bekomme ich den Wunsch, mir die Pulsadern aufzuschlitzen. Ich kann meine Reaktion selbst nicht verstehen, aber ich habe Menschen kennen gelernt, denen es genauso geht und vielleicht kommt dieser Wunsch, sich selbst zu zerstören, von der Grundeinstellung, man sei ein schlechter Mensch. Vielleicht ist es der Wunsch zu verletzen und verletzt zu werden. Vielleicht ist es eine Flucht vor unseren überwältigenden Emotionen.

Diese Wut und dieser Hass auf mich selbst brechen manchmal aus mir heraus. Heute habe ich eher selten den Wunsch zu sterben – obwohl auch der von Zeit zu Zeit zurückkommt, wenn die gefürchtete Depression über mich hereinbricht wie ein Heuschreckenschwarm, der den Himmel verdunkelt und alles zerstört, was er vorfindet. Der Hass auf mich selbst spiegelt sich heute eher in dem Gefühl wider, dass ich bestraft werden muss oder dass ich es verdient habe, verletzt zu werden. Wenn ich mich selbst verletze, sind die Gefühle, die damit einhergehen, sehr vielschichtig. Zuerst einmal empfinde ich große Erleichterung. Der Schmerz scheint mich von irgendetwas zu befreien – ich weiß allerdings nicht wovon.

Dann weine ich – vor Erleichterung, vor Schmerz (sie haben es sicher schon erraten), vor Scham über das, was ich getan habe. Irgendwie muss das alles mit der Wut im Zusammenhang stehen. Aber so viel aufgestaute Wut macht mir Angst.

Es ist, als hätte ich die Kraft, Mammutbäume auszureißen. Aber ich muss mich zügeln. Ich muss ein schlechter Mensch sein, weil ich so wütend werden kann; außerdem muss ich von Sinnen sein, wenn ich mir selbst Schaden zufüge. Wo bist *du* in all dem, Gott? Verschwunden? Hast du mich aufgegeben, weil ich so erbärmlich bin?

Wut ist etwas völlig Normales

Ich weiß, dass Wut etwas völlig Normales ist, auch wenn mir schon viele einreden wollten, es sei nicht so. Heute weiß ich ganz sicher, dass es in Ordnung ist, wütend zu sein. Außerdem gibt es ohnehin nichts, was man dagegen tun könnte. Wenn man wütend ist, dann ist man wütend. So ist das eben. Wichtig ist dann allerdings, dass man in diesem Gemütszustand niemanden umbringt, die Wut nicht an anderen herauslässt oder sonst etwas tut, das jemandem schadet.

Ich befürchte, dass diese Wut, wenn ich sie herauslasse, eine verheerende Explosion auslöst, die das Universum erschüttert – zumindest den Teil davon, in dem ich lebe. Ich weiß, dass ich nicht gerade Superman bin, aber wenn ich wütend bin, fühle ich mich zu allem fähig, und das macht mir Angst.

Wovor ich Angst habe, kann ich nicht genau definieren. Vielleicht ist es die Angst vor mir selbst. Vielleicht ist es aber auch die Angst vor dem, was die anderen sagen würden, wenn sie wüssten, wie wütend ich sein kann.

Mir wurde schon als Kind beigebracht, dass Wut etwas ist, für das man sich schämen muss.

Was steckt hinter unserer Wut?

Viele Menschen bestätigten mir, dass sie ebenso empfinden wie ich. Was steckt also hinter dieser Wut?

Ich sehe eine direkte Verbindung zu der Tatsache, dass ich als Kind dazu gezwungen war, meine Gefühle zu verbergen. Wenn ich meinem Ärger über irgendetwas, das mir angetan worden war, Ausdruck verleihen wollte oder wenn ich trotzig war, dann wurde ich bestraft. Daher lernte ich schon sehr früh, diese Gefühle zu unterdrücken.

In meiner Herkunftsfamilie durfte niemand, wirklich niemand sagen, dass er Angst hatte oder verletzt war. Die Wut war ein beängstigendes, aber stummes Ungeheuer. Die Wut fraß in mir und zerstörte mich, grausam und heimtückisch, noch lange nach dem eigentlichen Anlass.

Es war gefährlich, irgendetwas zu fühlen, und so lernte ich wahrscheinlich, nichts mehr zu empfinden.

Viele Menschen konnten als Kinder kein gutes, gesundes Selbstbild entwickeln. Irgendjemand demütigte uns, verspottete uns, benutzte uns oder gab uns nicht die Liebe und Aufmerksamkeit, die wir gebraucht hätten. Vielleicht mussten wir deshalb unseren schmerzhaften Gefühle abspalten und unsere Gedanken vor der Wahrheit verschließen.

Wir redeten uns vielleicht ein:
- Eltern haben immer Recht, sie sorgen gut für ihre Kinder und darum kann das, was ich erlebe, gar nicht wahr sein.

- Ich flüchte lieber in meine Fantasiewelt, wo alles in Ordnung ist.
- Ich bin der(die)jenige, der (die) schlecht ist, denn Eltern sind gut und haben immer Recht.
- Ich werde all dies Schlimme so schnell wie möglich vergessen, denn es tut zu weh, daran zu denken.

Wir werden missbraucht und empfinden nichts dabei. Ein Mensch, den wir lieben, stirbt oder lässt uns im Stich. Wir erlauben uns nicht, den Schmerz darüber zu fühlen.

Wir lernen, nichts mehr zu empfinden. Wir betäuben all unsere Gefühle und wenn wir dann erwachsen sind, wissen wir nicht mehr, was es heißt, Gefühle zu haben. Erst in Situationen, in denen wir es nicht erwartet hätten, werden wir von Zeit zu Zeit von Gefühlen wie Depression, Einsamkeit, Verzweiflung, Schuld und dem völligen Verlust unseres Selbstwertes überfallen. Sie ruinieren unser Leben und verursachen einen Schmerz, der in keinem Verhältnis zur Realität zu stehen scheint.

Zum Nachdenken

- Wenn wir unsere Begeisterung und unsere Liebe mit unseren Mitmenschen teilen, dann möchten sie vielleicht viel öfter mit uns zusammen sein.
- Lernen Sie, sich zu entspannen.

Praktische Tipps

- Erzählen Sie den Menschen, die Ihnen nahe stehen, positive Dinge über sich selbst.
- Denken Sie über folgenden Satz Henry Fords nach:

  Es gibt niemanden, der nicht mehr kann, als er sich selbst zutraut.

9. Der erste Schritt zur Veränderung

Es geht mir jeden Tag in jeder Hinsicht besser und besser.

Ich weiß nicht, wer diesen schrecklichen Satz erfunden hat, aber ich kannte eine Person, die an diesen Satz glaubte. Sie war Krankenschwester in einem Krankenhaus, in dem sich etwa fünfzig Patienten – darunter ich selbst – von ihren »Nervenzusammenbrüchen« erholen sollten. Sie lief von Zimmer zu Zimmer und ermahnte uns auf ihre besondere Art. Aber diese Behauptung (dass es mir jeden Tag besser ginge) war so offensichtlich falsch, dass mich das richtig alarmierte. Tage, Wochen und Monate vergingen, und ich hatte das Gefühl, dass es mir immer schlechter ging.

»Sie müssen Ihr Denken ändern«, sagte die Krankenschwester mir dann.

Schön, dachte ich mir, aber wie soll ich das bitte anstellen?

Das war genau das Problem. Ich sah ja ein, dass sich etwas ändern musste, die Frage war nur, wie. So lange ich denken kann, denke ich so, wie ich denke – logisch, oder? Jemandem zu sagen, er solle seine Denkweise ändern, ist wie jemandem zu sagen, er solle anders reden, anders essen, anders gehen oder sich beim Einschlafen anders hinlegen. Es ist wohl möglich, diese Dinge zu ändern, aber ich denke, das ist mit sehr großen Schwierigkeiten verbunden. Ich glaubte nicht, dass ich das schaffen konnte – es überforderte mich einfach.

Ich ließ die Ermahnungen dieser Krankenschwester also mehr oder weniger an mir abprallen. Das alles hatte überhaupt keinen Sinn und zeigte mir nur, dass wahrscheinlich jeder seine Denkweise ändern konnte, nur ich nicht. Ich war ein hoffnungsloser Fall.

Veränderungen sind möglich

Veränderungen sind möglich, aber sie sind schwierig. Sie gehen schubweise vor sich, und man muss geduldig sein und sich klarmachen, dass sie viel Zeit brauchen. Aus diesem Grund habe ich auch zu

Anfang vorgeschlagen, dass Sie dieses Buch in ein Regenbogenbuch verwandeln, so dass Sie in den kommenden Jahren immer wieder auf Stellen, die Ihnen wichtig wurden, zurückkommen können. Vieles in diesem Buch handelt von den Veränderungen, die ich durchmache und von denen mir andere berichteten. Viele erklärten, sie hätten den Eindruck, innerlich zu wachsen – sicherer zu werden und ihr Leben besser in den Griff zu bekommen. Andere, vor allem die, die sich in einer Phase der Depression befanden, konnten keine Veränderung erkennen und hofften auch nicht darauf. Ich gehe davon aus, dass diese Menschen von ihrer Depression beherrscht wurden. Wenn man sich in einer Depression befindet, ist eine Veränderung einfach nicht vorstellbar.

Ganz allmählich geht es aufwärts

Im Laufe einiger Monate oder Jahre kann sich unser Leben ändern, aber es erfordert harte Arbeit. Ach was, ich sollte mich anders ausdrücken und ein bisschen ehrlicher sein! Es braucht sehr viel Geduld, ist aufreibend und manchmal einfach eine entmutigende Plackerei. Es gibt Zeiten, da bin ich völlig erschöpft und weine, weil mich das Ganze so frustriert.

Was wir erwarten dürfen

> *Unser Leid wird zum größten Teil dadurch verursacht, dass es uns nicht gelingt, uns selbst zu verstehen.* Dorothy Rowe

Viele Leute, die mir von ihrem geringen Selbstwertgefühl berichteten, sagten, dass sie dadurch, dass sie begonnen hätten, sich mit ihrer mangelnden Selbstachtung zu beschäftigen und etwas dagegen zu tun, zumindest sich selbst besser verstünden. Einer der Hauptgründe, warum ich dieses Buch geschrieben habe, ist, dass ich Ihnen dabei helfen möchte, sich selbst besser zu verstehen. Es ist hilfreich, wenn Sie nicht nur mit dem Buch selbst arbeiten, sondern auch Tagebuch führen und/oder mit jemandem über das sprechen, was Sie denken und lernen.

Tagebuch führen

Es ist nicht unbedingt erforderlich, Tagebuch zu führen, aber viele, die es tun, finden es hilfreich – selbst wenn sie nur selten Einträge machen. Selbst ein Satz pro Monat, in dem wir unsere Gefühle und den Fortschritt, den wir gemacht haben, festhalten, ist besser als nichts. Es ist zumindest der Anfang des Entschlusses, uns selbst besser verstehen zu lernen.

Bei mir begann dieser Einblick in meine Persönlichkeit während meiner Therapie. Zumindest suchte ich nach den richtigen Fragen, die ich stellen konnte, um herauszufinden, warum das Leben so schwierig war. (Ich wollte sofort Antworten bekommen – und das will ich immer noch – aber auf manche Antworten muss man lange warten, wenn man sie überhaupt bekommt. Die meisten von uns müssen sich zuerst einmal damit zufrieden geben, die richtigen Fragen zu stellen.)

Dass ich einigen meiner Gefühle auf den Grund kam, hat dazu beigetragen, dass ich ein positiveres Bild von mir bekam – beim Schreiben dieses Satzes zögere ich! Ich bin mir nicht ganz sicher, ob es wirklich stimmt, dass ich mich jetzt positiver sehe, zumindest nicht immer. Es stimmt allerdings, dass mir die Therapie dabei geholfen hat, meine Gefühle und Gedanken besser zu verstehen. Selbst eine sehr schlechte Gruppentherapie, die ich machte, lehrte mich letztendlich einiges über mich selbst. Dazu gehörte auch die eher alarmierende Erkenntnis, dass ich meine Therapeutin am liebsten umgebracht hätte, so wütend war ich auf sie!

Wenn Ihre Suche nach dem persönlichen Lebenssinn ähnlich verläuft wie meine, dann ist es sehr wahrscheinlich, dass Sie sowohl Zeiten großer Begeisterung und extremer Hochstimmung wie auch Zeiten schrecklicher Wut und mörderischen Hasses erleben! Es ist ganz normal, all dies zu empfinden, aber bitte leben Sie diese Gefühle nicht aus, okay?

Selbstmordgedanken

Wut und Hass können Menschen gelten, von denen wir uns verletzt fühlen, aber oft gelten sie auch uns selbst. Viele Menschen mit geringem Selbstwertgefühl kennen diesen Selbsthass nur allzu gut. Meine logische Reaktion auf diesen enormen Hass auf mich selbst ist der Wunsch zu sterben. Schon einige Male habe ich vergeblich versucht, diesen seltsamen Planeten zu verlassen. Heute bin ich sehr dankbar, dass mir dies nicht geglückt ist. Der Hass auf mich selbst und die Selbstmordgedanken haben sich mittlerweile verändert (sie sind jedoch nicht völlig verschwunden), und ich bin froh, dass ich gelernt habe, ein einigermaßen zufriedenes Leben zu führen. Ich weiß heute, was ich meiner Familie angetan hätte, wenn ich mich tatsächlich umgebracht hätte. Ich dachte, ohne mich wären sie ja ohnehin alle besser dran, aber das war ein schrecklicher Irrtum. Ich könnte heulen, wenn ich mir vorstelle, was ich ihnen beinah angetan hätte. Ich kenne Menschen, die erleben mussten, dass sich ein Freund oder ein Familienmitglied das Leben nahm – für sie ist dadurch eine Welt zusammengebrochen.

- Wenn Sie zu der großen Schar derjenigen gehören, die der Meinung sind, dass das Leben zu schwer für sie ist – BITTE halten Sie durch!
- Es kann zwar lange dauern, aber diese Gefühle können sich ändern. Ein ziemlich hoher Prozentsatz von Selbstmordversuchen scheitert und man riskiert dabei, sein weiteres Leben mit einer körperlichen oder geistigen Behinderung verbringen zu müssen.
- Reden Sie mit jemandem über Ihr Problem!
- Sprechen Sie mit Ihrem Arzt!
- Wenden Sie sich an Hilfsorganisationen oder soziale Einrichtungen!
- Lesen Sie weiter in diesem Buch und sagen Sie sich immer wieder, dass es viele Menschen gibt, die über ihre Selbstmordgedanken hinweggekommen sind und dankbar sind, dass sie diese Phase hinter sich haben.

Mit sich selbst in Frieden leben

Viele Menschen, mit denen ich gesprochen habe, sagten mir, dass sie, nachdem sie ihr Selbstwertgefühl wiedergefunden hatten, mit sich selbst in Frieden leben konnten und eine Art innerer Zufriedenheit verspürten.

Das klingt logisch.

Es gibt keine Voraussetzungen, die Sie erfüllen müssen, wenn Sie zu diesem Zustand inneren Friedens gelangen wollen, außer dass Sie

– sich verändern wollen;
– sich klarmachen, dass die einzige Person, die Ihre Probleme in den Griff bekommen kann, Sie selbst sind. Geben Sie nicht auf! Schließlich lesen Sie ja dieses Buch, weil Sie wollen, dass sich Ihr Leben ändert!

Also dann – nichts wie los!

Zum Nachdenken

– Wir *können* uns ändern.
– Wir *können* unser Selbstwertgefühl steigern.
– Wir *können* unsere Lebensqualität verbessern.

Praktische Tipps

1. Manchmal haben wir das Bedürfnis, uns hinter unserer Mauer auszuruhen und sicher zu fühlen, und manchmal brauchen wir Zeit, um allein zu sein und nachzudenken. Wenn wir im Leben weiterkommen wollen, ist es überaus wichtig, uns Zeit zu nehmen, um über unser Leben nachzudenken (und eventuell in unser Tagebuch zu schreiben).

2. Wenn Sie mit vielen Menschen in einem Haus leben, dann müssen Sie ihnen irgendwie mitteilen, dass diese Zeit für Sie wichtig ist. Vielleicht erklären Sie einen bestimmten Sessel oder eine bestimmte Tageszeit zur Verbotszone. Wenn alle Stricke reißen, können Sie sich immer noch im Klo einschließen und laute Musik anschalten, damit Sie die wütenden Schreie Ihrer Mitbewohner nicht hören.

3. Den nächsten Tipp habe ich bereits in meinem Buch *Mach den ersten Schritt* gegeben, aber er kann so hilfreich sein, dass ich ihn hier noch einmal erwähnen möchte: Schreiben Sie Ihren eigenen Nachruf. Bevor Sie jedoch damit beginnen, überlegen Sie sich einmal, wie Prinzessin Diana wohl ihren Nachruf geschrieben hätte. Dianas Freunde sagten, dass sie keine Ahnung gehabt hätte, wie sehr die Menschen sie liebten.

Es ist sehr wahrscheinlich, dass Ihre Mitmenschen viel positiver über Sie denken als Sie selbst. Schreiben Sie Ihren Nachruf also auf positive Art und Weise.

Prinzessin Diana hatte ein sehr geringes Selbstwertgefühl. Ständig suchte sie nach Bestätigung ... Sie konnte nicht ahnen, dass nach ihrem Tod so viel Trauer um sie herrschen würde. Sie wäre sehr überrascht gewesen.

Rosa Monkton, eine Freundin von Diana

Vierter Teil

Der Blick über die Mauer

10. Klare Grenzen ziehen

Flexibilität und Anpassungsfähigkeit sind unabdingbar, wenn man gesunde Grenzen ziehen will. Wenn wir in unseren zwischenmenschlichen Beziehungen flexibel und anpassungsfähig sind – und uns dabei nicht misshandeln oder missbrauchen lassen – können wir uns selbst dadurch besser und tiefer kennen lernen. Und wir können uns besser auf die fröhlichen und die schwierigen Aspekte unserer Beziehungen einlassen, an denen wir reifen. Charles L. Whitfield

Dieses Kapitel handelt davon, dass wir über unsere Mauer zu blicken lernen, und davon, wie beängstigend und bedrohlich das sein kann. Manchmal müssen wir einfach hinter dieser Mauer hervorkommen, aber das kann uns verletzlich machen, so dass wir uns wieder zurückziehen, um überleben zu können.

Wenn wir anfangen, uns selbst etwas besser zu verstehen, und dabei entdecken, dass die Welt auf der anderen Seite der Mauer nicht immer so schlecht ist, wie wir vielleicht vermuten, dann möchten wir gern ein Loch in unsere Wand bohren, das groß genug ist, um hindurchsehen zu können. Dann riskieren wir vielleicht, für kurze Zeit hervorzukommen – aber wir brauchen das Gefühl, jederzeit zurück zu können, wenn es zu schwierig wird.

Wenn ich hinter meiner Wand hervorschaue und in Erwägung ziehe, mich irgendwann hervorzuwagen, dann muss ich wissen, dass es immer noch diesen sicheren Ort gibt, an den ich gegebenenfalls zurückkehren kann.

Das Leben ist beängstigend. Sich eine Rückzugsmöglichkeit zu wahren, also einen Ort, wo man allein sein kann und wo kein anderer hinkommt, ist sehr wichtig für uns, damit wir in unserer Persönlichkeit wachsen können und uns wohl fühlen.

Unsere Mauer (die wir vielleicht schon in einen schützenden Turm umgebaut haben) sollte also einen deutlichen Abstand zu den »Territorien« haben, die andere Menschen in Anspruch nehmen. Wir brauchen einen vollkommen sicheren Rückzugsort, der ein gutes Stück vom Wirkungskreis unserer Mitmenschen entfernt liegt.

Die Verteidigung unseres Bereichs

Einer der Gründe für meine hohe Lebensqualität ist, dass meine Familie mir gern Freiräume gewährt, wenn ich sie brauche, selbst wenn ich dieses Bedürfnis ganz unvorhergesehen bekomme. Ich könnte es in keiner Beziehung aushalten, die mich einengt.

Jeder muss sich seine Freiräume erkämpfen, in die dann auch kein anderer eindringen darf. Beziehungen zu anderen Menschen können manchmal sehr anstrengend sein, und wenn unsere Freiräume dabei nicht beachtet werden, können wir uns schnell unwohl fühlen. Wenn dies der Fall ist, dann ist das ein klares Zeichen dafür, dass wir etwas energischer werden und mehr persönliche Freiräume fordern müssen.

Wir müssen ganz klare Grenzen abstecken, damit niemand in unser Gebiet eindringen kann. Natürlich haben wir manchmal den Wunsch, diese Freiräume mit anderen zu teilen, aber nur dann, wenn wir es wirklich wollen. Und dieser Punkt muss genau abgesprochen werden.

Nähe und Intimität

Intimität ist dann schön, wenn wir sie wirklich wollen. Wollen wir sie nicht, dann ist sie die Hölle auf Erden. Eine wichtige Voraussetzung für ein besseres Lebensgefühl ist eine Neuordnung, Öffnung, Vertiefung und eine deutliche Absprache der Grenzen in unseren Beziehungen.

Ich habe erst dann die Freiheit, mich auf Nähe einzulassen, wenn ich weiß, dass mein Gegenüber die Grenzen einhält, die ich setze. Eine Grenze grenzt mich nicht automatisch von meinen Mitmenschen aus, wenn ich es nicht will. Sie grenzt einzig und allein meine Freiräume ab, so dass ich überhaupt beziehungsfähig werden kann. Dabei hoffe ich, dass auch meine Mitmenschen klare Grenzen haben. Wenn ich klare Grenzen ziehe, werde ich frei ...

– zu lieben,
– meine eigene Sicht der Dinge zu haben, die sich von der anderer Menschen unterscheiden kann,

- selbstbewusst zu sein und meine Wünsche frei zu äußern,
- ich selbst zu sein,
- mich bei Bedarf zurückzuziehen,
- nur so viel körperlichen Kontakt zuzulassen, wie ich will,
- meiner Wut und meiner Enttäuschung Ausdruck zu verleihen,
- mich in meiner Persönlichkeit zu verändern,
- Risiken einzugehen.

Ich erwarte dabei, dass ich nicht ...
- enttäuscht und verraten werde,
- abgelehnt werde,
- manipuliert werde,
- auf irgendeine Art und Weise missbraucht werde.

Wenn dies aber doch passieren sollte, muss ich von neuem meine Grenzen abstecken, damit das zerstörte Vertrauen – hoffentlich – wiederhergestellt werden kann.

Selbstbewusstsein

Selbstbewusst zu sein und zu sagen, was man will und braucht, bedeutet nicht, egoistisch zu sein, sondern echt zu sein. Wenn ich in der Lage bin, deutlich zu sagen, was meine Bedürfnisse sind, bin ich ehrlich in Bezug auf meine innersten Gefühle. Wenn ich sage, was ich will, dann teile ich ein Stück von mir selbst mit meinem Gegenüber; ich gehe das Wagnis ein, mich zu öffnen, und lasse den anderen entdecken, wer ich bin.

Natürlich muss ich hierbei sensibel sein für die Bedürfnisse des anderen. Und natürlich darf ich nicht darauf bestehen, dass sich alles in dieser Beziehung nur um meine Bedürfnisse dreht – so kann eine Beziehung nicht funktionieren. Aber ...
- die brave Ehefrau, die ihren Mann alle Entscheidungen treffen lässt,
- die schüchterne Person, die sich lieber mit Dingen abfindet, die sie nicht will, als dass sie deutlich macht, wie sie denkt,

– die Person, die immer den anderen die Führung überlässt und
  selbst keinerlei Verantwortung übernimmt

kann in keiner der Beziehungen ihren Teil zum Gelingen beitragen.

Woran man überschrittene Grenzen erkennt

Situationen und Indizien, die uns zeigen, dass wir unsere Grenzen
deutlicher abstecken müssen, sind zum Beispiel:

– das Gefühl, dass wir nicht genügend Zeit für uns selbst haben;
– das Empfinden, dass wir zu viel Verantwortung in unseren Beziehungen haben, dass wir zum Beispiel immer der(die)jenige
  sind, der (die) für die Familie das Essen zubereiten muss;
– Eltern, die ihr Kind als einen Teil von sich selbst betrachten
  und erwarten, dass das Kind exakt ihren Vorstellungen entspricht;
– Missbrauch und Misshandlung in einer Beziehung;
– eine Familie, in der sich ein (oder mehrere) Familienmit-
  glied(er) für die Gefühle der anderen verantwortlich fühlen;
– eine Beziehung, in der es des Öfteren zu Wutausbrüchen
  kommt;
– eine Beziehung, in der unseren Gefühlen und Bedürfnissen
  nicht genügend Bedeutung zugemessen wird; wir brauchen
  zum Beispiel Zeit, auf angemessene Weise zu trauern; Jugendliche brauchen Familien, in denen sie sich entwickeln können,
  die sie verstehen und tolerieren. Wir sehnen uns danach, akzeptiert zu werden und nicht von unseren Eltern in bestimmte
  Schubladen gesteckt zu werden, wie zum Beispiel: »Tom ist
  unser schüchterner und Eddie unser böser Junge.«
– eine Beziehung oder Familie, in der die Privatsphäre der anderen nicht gewahrt wird – selbst das kleinste Kind braucht
  Raum für seine Geheimnisse und Zeit, einfach nur da zu sein.

Grenzen festlegen

Wenn wir in einer ungesunden Beziehung leben, müssen wir die
Grenzen neu festlegen, wenn wir als Individuen überleben und

dem/den anderen Achtung entgegenbringen wollen. Hier einige Beispiele, die zeigen, dass Grenzen neu festgelegt werden müssen:

- die junge Frau, die ständig auf Partner hereinfällt, die nicht zu ihr passen;
- der junge Mann, dessen Mutter sich in übertriebener Weise an ihn klammert;
- die Tochter, die trotz allem, was sie für ihre Mutter tut, nie Dankbarkeit erfährt;
- die Person, die in einer Beziehung lebt, in der sie ständig bevormundet wird;
- jeder, der in einer Beziehung manipuliert wird;
- jeder, der mit seinem Partner (seiner Partnerin) in einem Verhältnis der Co-Abhängigkeit lebt (dies ist häufig der Fall, wenn dieser alkohol- oder drogenabhängig ist);
- der Jugendliche, der von seinen Eltern überbehütet und wie ein kleines Kind behandelt wird;
- der Chef, der zu viel fordert;
- der Arbeitskollege, der häufig flirtet.

Es ist nicht einfach, über einen Änderungswunsch in einer Beziehung zu sprechen, aber wenn wir dies nicht tun, müssen wir uns mit Dingen abfinden, mit denen wir uns eigentlich nicht abzufinden bräuchten. Dann würden wir riskieren, dass unser Gefühlsleben verkümmert und wir uns als Menschen nicht weiterentwickeln.

Mauern sind keine guten Grenzen

Wenn wir in einer Beziehung Grenzen festlegen, dann sollten diese immer ein gewisses Maß an Flexibilität zulassen.

- Manchmal bin ich vielleicht zu müde, um eine Entscheidung zu treffen, so dass ich das lieber dem anderen überlasse.
- Manchmal möchte ich mich vielleicht ganz eng an meinen Partner kuscheln und ihn umarmen, aber es gibt auch Tage, an denen ich das nicht möchte.

— Manchmal brennt bei mir vielleicht eine Sicherung durch und ich raste total aus, aber ich erwarte von meinem Gegenüber, dass er/sie mich deswegen nicht ablehnt oder mir seine/ihre Liebe versagt.

Mauern sind für so etwas zu starr! Wenn wir jedoch vorerst unsere Mauer brauchen, dann ist das in Ordnung. Sie schenkt uns Sicherheit. Sie trägt dazu bei, dass wir, zumindest meistens, mit uns selbst in Frieden leben können. Sie kann uns eine Hilfe sein, mit unseren Gefühlen in Verbindung zu bleiben. Aber wir werden darauf hinarbeiten, manchmal hinter dieser Mauer hervorzukriechen.

Zum Nachdenken

- Wenn wir unseren Mitmenschen mit einem Lächeln oder mit Freundlichkeit begegnen und ihre Bedürfnisse ernst nehmen und uns um sie kümmern, dann bekommen wir dadurch auch ein positiveres Gefühl uns selbst gegenüber.
- Bewahren Sie sich eine positive Grundeinstellung. So können Sie aus Ihren Fehlern lernen und sie als lehrreiche Erfahrungen betrachten.

Praktische Tipps

1. Schreiben Sie Begebenheiten in Ihr Tagebuch, bei denen Sie das Gefühl haben (oder hatten), dass jemand in Ihren Freiraum eindringt (eindrang).

2. Denken Sie darüber nach, ob Sie in einer ungesunden Beziehung stecken. Ist es nötig, bestimmte Grenzen neu festzulegen?

3. Legen Sie ein »Freude-Büchlein« an – ein kleines Notizbuch, in das Sie nur fröhliche und positive Gedanken hineinschreiben. Ich habe hierfür eines mit Tigger (dem Freund von Winnie Pooh) auf der Vorderseite, und wenn man auf seine knuffige Nase drückt, singt er ein Liedchen – aber jedes andere hübsche Notizbuch tut es auch.

11. Einen ersten Blick über die Mauer werfen

Wir dürfen uns geborgen wissen. Gott verliert niemals die Kontrolle. Weder unsere Depressionen noch unser Leid ... sind ein Beweis dafür, dass Gott uns verlassen hat.

Eugene Peterson

Das Leben auf der anderen Seite der Mauer ist hart. Die Welt hält so viel Schreckliches für uns bereit: Menschen, die Kinder töten und verletzen, korrupte Polizeibeamte, Menschen, die ihre egoistischen Wünsche über den Schutz unserer Umwelt setzen, Spielautomaten in Arkaden an der Küste, Betttücher aus Nylon, die lauten Radios der anderen, Zeitungen, die Klatsch und Tratsch verbreiten, Nacktschnecken, volle, verrauchte Wartezimmer, Jugendliche, die sich in der U-Bahn einen Joint drehen, Menschen, die ins Guinness Buch der Rekorde kommen, weil sie lauter essen als alle anderen, Leute, die ihren Kaugummi auf den Boden werfen, so dass er an meinem Schuh hängen bleibt – und Treffen, bei denen es Tee und Kaffee gibt, aber viel zu wenig Schokokekse.

Vielleicht geht es Ihnen nicht so wie mir, dass ich bei Kaugeräuschen am liebsten aus dem Zimmer rennen und hysterisch schreien möchte. Was der eine tolerieren kann, muss der andere nicht unbedingt auch tolerieren können.

Wir alle haben es schwer

Aber wenn wir feststellen, dass das Leben hart ist, und herausfinden, welche Dinge uns Schwierigkeiten bereiten (so dass wir sie am besten vermeiden oder mit zusammengebissenen Zähnen und unserem Teddybär im Arm über uns ergehen lassen), dann können wir sicher sein, dass wir Fortschritte machen. Wir können einen ersten Blick über unsere Mauer werfen und uns umschauen, und dann werden wir feststellen, dass jeder Mensch seine eigenen Probleme hat. Für manche Menschen ist das Leben etwas einfacher als für uns, aber es gibt noch andere, die es mindestens genauso schwer finden wie wir.

Vermutlich hat jeder schon einmal Menschen kennen gelernt, die die Meinung vertreten, das Leben sei eine einzige Party. Sie behaupten, sie hätten keinerlei Probleme und wären noch nie deprimiert gewesen. Das Leben wäre dazu da, um Spaß zu haben, und fertig. Wenn ich so etwas höre, dann würde ich denen, die das sagen, am liebsten eine Ohrfeige verpassen.

Ich frage mich, ob sich die Leute, die meinen, sie könnten alles verkraften, so sehr durch ihren Turm und andere Verteidigungsmechanismen abgekapselt haben, dass sie ihre eigenen Gefühle nicht mehr wahrnehmen. Solche Menschen sind oft laut und aufdringlich – und manchmal wirklich unausstehlich. Ich bin der Meinung, dass wir viel ehrlicher sind, wenn wir uns eingestehen, dass wir das Leben schwer finden. Wir geben zu, dass wir von unseren Gefühlen gesteuert werden, dass wir leiden und dass das Leben außerhalb unseres Turmes furchterregend ist. Also stellen wir uns einmal vor, wie wir einen ersten Blick aus unserem Turm werfen. Damit haben wir schon die erste Hürde hinter uns. Zumindest blicken wir so der Realität ins Auge – das Leben ist hart und oft unbegreiflich. Unsere Aufgabe ist es nun, Wege zu finden, wie wir damit zurechtkommen können.

Gute Ratschläge

Wir können uns Ratschläge geben lassen, aber sie werden uns nicht unbedingt sofort helfen – manche helfen überhaupt nicht. Seit Jahren sagen mir immer wieder Menschen, ich bräuchte bessere Nerven. Schon lange denke ich darüber nach, und ich weiß auch, dass ich viel zu sensibel bin. Aber heißt das, dass ich gegen alles, was mir das Leben an Problemen bereitet, immun werden soll? Würde es bedeuten, dass ich auch meine Fähigkeit, mich in die Sorgen und Nöte der anderen hineinzuversetzen, verlieren müsste?

Ich schreibe das natürlich, weil ich immer wieder vergeblich versucht habe, mir ein dickes Fell zuzulegen – und weil es nicht geklappt hat, sage ich mir, dass das sowieso nicht gut gewesen wäre!

Selbstsicherheitstraining

Ich weiß. Viele Leute haben mir bereits diesen Tipp gegeben, und das ist vermutlich auch eine gute Idee.

Jedes Jahr sehe ich mir die Kursangebote der Volkshochschule an. Aber ich konnte mich bisher noch nicht dazu durchringen, mich für einen anzumelden. Ich habe schon mehrere Bücher darüber gelesen, allerdings mit sehr unterschiedlichem Erfolg.

Ich ging sogar einmal zu einem Workshop in einem großen Zelt, an dem etwa hundert Menschen teilnahmen. Aber das Ende vom Lied war, dass ich in Tränen ausbrach und den Rest des Tages vergessen konnte.

Ich weiß zwar, dass ich mich schon besser behaupten kann als vor zehn Jahren, aber ich muss auf diesem Gebiet noch viel mehr lernen – wie viele Menschen, die ich kenne, besonders Frauen.

Viele Menschen konnten ihre Denkweise und ihr Auftreten ändern, indem sie entsprechende Kurse besuchten. Dies könnte also auch eine Möglichkeit für Sie sein.

Wie gut es uns doch geht!

Die Probleme, mit denen ich zu kämpfen habe, sind vermutlich unbedeutend im Vergleich zu denen, die letzte Woche in den Nachrichten zu sehen waren: Menschen, die nach einem Erdbeben vor den Trümmern ihrer Häuser standen und weinten und voller Verzweiflung und mit blutigen Händen im Schutt nach ihren Angehörigen suchten. Oder die Straßenkinder in Südamerika, die niemanden haben, der sie in die Arme nimmt und ihnen Liebe schenkt.

Ich habe so viel mehr als sie. Wenn ich mich mit diesen Menschen vergleiche, scheinen meine Probleme belanglos zu sein.

Wenn ich daran denke, hasse ich mich selbst für meine Unzufriedenheit.

Ich habe einen lieben Ehemann, zwei fabelhafte Kinder, ein warmes, gemütliches Zuhause, eine Arbeitsstelle – warum macht es mir dann so viel aus, dass meine Seele weint?

Ich weiß es nicht.

Lassen sich Probleme miteinander vergleichen?

Vielleicht kann man die Probleme und Nöte der Menschen gar nicht miteinander vergleichen. Man kann nicht sagen, man hätte mehr oder weniger Sorgen als der andere. Ich habe Menschen kennen gelernt, die ihre Sorgen und Verletzungen einfach ignorierten, indem sie sich sagten, dass sie nichts seien im Vergleich zu den Sorgen ihrer Mitbürger oder der Menschen in anderen Ländern. Auf diese Weise verleugnet man die Intensität seiner eigenen Gefühle.

Natürlich sollen wir Menschen helfen, die unter Kriegen und Hungersnöten leiden. Natürlich kann ich mir nicht vorstellen, was es heißt, nicht genug zu Essen für die eigenen Kinder zu haben, weil der Regen und damit auch die Ernte einfach ausgeblieben sind. Aber ich glaube, dass man Sorgen und Nöte nicht miteinander vergleichen kann. Jeder hat mit *seinen Problemen* zu kämpfen.

Wenn wir einen ersten Blick über unsere Mauer werfen wollen, dann müssen wir uns immer wieder sagen, dass das Leben jenseits dieser Mauer für alle hart ist.

Zum Nachdenken

Der Augenblick, an dem Sie bereit sind, hinter Ihrer Mauer hervorzukriechen, *wird* kommen.

Praktische Tipps

Sich selbst behaupten zu können hat nichts damit zu tun, dass man aggressiv ist. Wir müssen uns darum bemühen, den Unterschied zu erkennen – besonders, wenn wir nervös werden bei dem Gedanken, uns behaupten zu müssen, und vielleicht aggressiver werden, als wir es eigentlich wollen.

Wenn Sie lernen möchten, sich zu behaupten, sollten Sie meiner Ansicht nach auf folgende Punkte achten:

- Formulieren Sie Ihre eigene Meinung klar und präzise.
- Machen Sie deutlich, was Sie wollen oder brauchen – und warum!
- Achten Sie darauf, dass Ihr Gegenüber Ihnen wirklich zuhört.
- Üben Sie das, was Sie sagen wollen, zuerst vor dem Spiegel ein.
- Versenden Sie keine Negativbotschaften wie: »Du sagst immer ...« oder »Nie willst du ...« – seien Sie positiv!
- Geben Sie sich selbstsicher, auch wenn Sie sich nicht so fühlen.
- Bemühen Sie sich darum, in jeder Situation die Ruhe zu bewahren.
- Bleiben Sie höflich, aber fest, wenn Ihr Gegenüber wütend wird und Theater macht – und dann gehen Sie einfach weg!

Probieren Sie es aus! Es klingt viel schwieriger, als es tatsächlich ist.

12. Den ersten Stein aus der Mauer brechen

Welche Kraft ist es, die jeden Einzelnen und die Menschheit als Ganzes gegen den natürlichen Widerstand – unsere eigene Trägheit – ankämpfen lässt? Es ist die Liebe. M. Scott Peck

Überraschend viele Menschen sagten mir, dass ihr geringes Selbstwertgefühl eine enorme Angst und äußerst empfindliche Reaktionen auf schwierige oder kritische Situationen mit sich bringe. Das beruhigte mich sehr, denn es bedeutete schließlich, dass ich mit meiner Angst und Empfindlichkeit nicht allein dastehe.

Wenn wir vor unserer Angst und Empfindlichkeit nicht endgültig kapitulieren wollen, müssen wir darüber nachdenken, wie wir über sie hinwegkommen und den ersten Stein aus unserer Mauer herausbrechen können. Wir sollten uns zumindest mit dem Gedanken vertraut machen, hinter unserer Mauer hervorzukommen – wenigstens für kurze Zeit. Wenn uns das einmal gelingt, dann werden wir vielleicht auch ein zweites Mal dazu in der Lage sein.

Angst und Empfindlichkeit

Ich sehe mir nicht gerne die Nachrichten an. All die Gewehre, Panzer und weinenden Kinder machen mir Angst. Diesen Bildern begegne ich dann immer nächtelang in meinen Alpträumen. Ich habe es auch schon mit den Nachrichten im Radio probiert, aber da gibt es ausführliche Berichte über Vergewaltigungen, Morde und andere Gewalttaten. Daher habe ich mich entschieden, die Nachrichten vorerst aufzugeben. Ich muss mit dem auskommen, was ich in den Zeitungen anderer Leute im Bus auf dem Weg zur Arbeit lese, eine Kunst, die ich mittlerweile schon ziemlich gut beherrsche.

Es ist anscheinend ein weit verbreitetes Problem, dass wir schlecht mit dem zurechtkommen, was das Leben uns zumutet. Aber das eigentliche Problem liegt noch viel tiefer. Tatsache ist, dass dieses Problem noch viel prägender ist. Wir alle haben in unserm Innern eine tiefe Angst, die sich in einen verzehrenden Horror verwandeln und uns völlig überwältigen kann.

Verschiedene Formen der Angst

Angst ist etwas sehr Komplexes. Es gibt Menschen, die anscheinend gerne Horrorfilme sehen. Ich schalte sofort aus, wenn ich auch nur die Vorschau zu einem solchen Film sehe! Jeder hat wohl Angst, wenn er zum Beispiel in einem Flugzeug sitzen würde und mitgeteilt bekäme, dass ein Absturz bevorstünde, oder wenn in den Nachrichten von einem Zugunglück berichtet würde und man wüsste, dass ein lieber Bekannter mit diesem Zug unterwegs war.

Die ganz normale »Alltagsangst«, die Menschen haben, kann sehr unterschiedlich sein. Für manche Menschen ist es nicht besonders schwierig, außer Haus zu gehen, jemanden anzurufen, jemandem etwas sagen zu müssen, was dieser eigentlich nicht hören will, oder Teil einer Gruppe zu sein. Aber für manche von uns sind diese Dinge wie ein unüberwindbarer Berg.

Es gibt aber auch die »reale« Angst vor wirklich gefährlichen Dingen. Ich bringe mich zum Beispiel gern in gefährliche Situationen wie etwa beim Erklimmen einer Felswand, beim engen Einstieg in eine Höhle oder beim Überspringen eines Sturzbaches in den *Yorkshire Dales*. Ich wünsche mir sehr, dass ich einmal aus einem Flugzeug springen darf (mit einem hoffentlich funktionierenden Fallschirm). Ich weiß, dass es Leute gibt, die nicht verstehen können, warum ich diese Dinge tun möchte. Offensichtlich ist Angst etwas, das jeder Mensch anders definiert.

Aber auch mit dieser realen Angst geht jeder Mensch anders um. In Konfliktsituationen oder Situationen, in denen ich mich als Frau gefährdet fühle, wie zum Beispiel, wenn ich nachts im Zug mit einem fremden Mann allein im Abteil sitze, verspüre ich eine Angst, mit der ich nicht zurechtkommen kann.

Wer versucht, nach und nach Wege zu finden, wie man genügend Selbstvertrauen aufbaut, um seinen Ängsten zu trotzen und sie zu überwinden, der hat meiner Meinung nach schon einen großen Schritt in die richtige Richtung gemacht – er hat den ersten Stein aus seiner Mauer herausgebrochen und zieht ernsthaft in Betracht, hinter ihr hervorzukommen.

Panikattacken

Ich habe das Gefühl, es nicht mehr zu schaffen. Meine Gefühle überwältigten mich, bis mir der Atem stockt. Das Blut schießt mir ins Gesicht und mein Herz pocht wie wild, so dass ich kaum noch etwas hören kann. Ich fürchte, dass ich mich übergeben muss. Ich versuche tief durchzuatmen.

Die Gefühle überwältigen mich wieder und meine Angst wird immer größer. Ich weiß aus Erfahrung, dass ich nun zwei Möglichkeiten habe. Wenn ich mich in eine vollkommen andere Situation begebe, in der ich innerlich aufatmen kann, beruhige ich mich wahrscheinlich. Aber ich kann meine Angst auch überwinden. Ich kann mich dazu zwingen, ihr den Rücken zu kehren und mit dem fortzufahren, was ich gerade tue, und einfach darauf vertrauen, dass die Angst vergehen wird.

Das erfordert viel Kraft. Es erschöpft mich so sehr, dass ich nicht mehr klar denken oder auch nur ein Telefon bedienen kann. Aber wenn ich in solch einer Situation durchhalte, kann ich hinterher sagen, dass ich es geschafft habe, der Angst und meinen Gefühlen zu trotzen. Dann habe ich wirklich das Gefühl, etwas erreicht zu haben.

Muten Sie sich nicht zu viel zu

Ich weiß, dass ich mir in letzter Zeit zu viel zugemutet habe, und ich weiß auch, dass ich mir eine Auszeit nehmen muss, damit ich keinen Nervenzusammenbruch erleide. Mir fällt das allerdings schwer, weil ich weiß, dass ich mich dabei wie ein Versager fühlen werde. Wenn ich mich in meine Arbeit stürze, schützt mich das vor dem Gedankenwirrwarr in meinem Kopf und vor der Angst, die mich zu erdrücken droht. Meine Arbeit hilft mir, mich hinter meiner Mauer zu verstecken. Aber natürlich begegne ich bei meiner Arbeit auch anderen, was bedeutet, dass ich doch mit der Welt auf der anderen Seite meiner Mauer konfrontiert werde.

Sich in die Arbeit zu stürzen, um die Angst zu unterdrücken, kann jedoch eine Überlebenstaktik sein, die auf lange Sicht mehr schadet als nützt. Wenn ich den Punkt völliger Erschöpfung erreicht habe, kann ich überhaupt nicht mehr arbeiten – dann bin ich nur noch ein Häufchen Elend, allein mit meinen Gedanken und genau der Angst, vor der ich davongelaufen bin.

Wenn wir mit dem Leben auf der anderen Seite der Mauer zurechtkommen wollen, müssen wir unbedingt lernen, mit unserer Angst umzugehen.

Trauen Sie sich etwas zu

Wenn wir vor etwas Angst haben, heißt das nicht automatisch, dass wir es nicht tun sollten. Sich selbst zu viel zuzumuten ist unklug, aber ich denke, wenn man nicht von Zeit zu Zeit etwas wagt, dann weiß man auch nicht, was zu viel ist und was nicht. Ich mache es mir zu leicht, wenn ich mir sage, dass ich dies oder jenes eben einfach nicht kann. Wenn wir Fortschritte erzielen wollen, werden wir uns dabei auch manchmal zu viel zumuten. Ab und zu zwinge ich mich, etwas Neues zu wagen, und dann fühle ich mich super und bin schrecklich stolz auf mich. Ich hab's geschafft! Ich dachte, das klappt nie im Leben, aber ich hab's geschafft! (Jetzt hab ich ein Stück Schokolade verdient!)

Den Kampf aufgeben

Wenn ich meinen Kampf gegen die Angst aufgebe, dann wird alles nur noch schlimmer, denn dann habe ich nicht nur Angst, sondern auch noch dieses Gefühl, versagt zu haben. Wenn ich meine Nervosität heute nicht besiege, bedeutet das vielleicht, dass ich morgen den geplanten Telefonanruf nicht machen kann, mich nicht traue, aus dem Haus zu gehen. Vielleicht würde ich sogar letzten Endes gar nicht mehr zu telefonieren wagen!

Ich könnte mein ganzes Leben lang nie wieder einen Fuß vor die Haustür setzen, aber ich weiß, auch wenn das verlockend klingt, würde es nicht funktionieren, denn ich würde mich auf die Dauer total isoliert fühlen.

In vielen Gesprächen, die ich mit Menschen mit geringem Selbstwertgefühl führte, trat eine gewisse Frustration zutage. Wir sind nicht dazu in der Lage, uns der Herausforderung einer anspruchsvollen Arbeitsstelle zu stellen oder einen Verwandten zu besuchen, dem wir bisher aus dem Weg gegangen sind, oder einfach das zu tun, was uns Probleme bereitet. Gleichzeitig fürchten wir uns vor dem, was passiert, wenn wir uns von unseren Ängsten besiegen lassen.

Ich weiß aus Erfahrung, dass sich meine Ängste vermehren, wenn ich ihnen nachgebe und mich hinter meiner Mauer verschanze. Dann befinde ich mich wieder in dieser verwirrenden Dunkelheit, in der überall Monster lauern und alles, was passiert, ein einziger schauriger Alptraum ist. Schon mehrere Male verbrachte ich einige Monate am Stück in diesem Zustand und ich möchte das nie wieder erleben.

Wenn ich aber jedesmal gegen die Angst ankämpfe, dann überfordert mich das auf die Dauer und ich ende als seelisches Wrack!

Selbstvertrauen gewinnen

Susan Jeffers schreibt in ihrem wunderbaren Buch *Selbstvertrauen gewinnen*, dass wir uns allen Herausforderungen stellen und die Dinge einfach »durchziehen« müssen, egal, wie schwer sie sind. Aber ich glaube, dass wir das *nicht immer schaffen*. Wenn wir ...
- an Depressionen leiden,
- erst begonnen haben, gegen unsere Ängste anzukämpfen,
- durch die Konfrontation mit der eigenen Gefühlswelt in eine Notsituation geraten sind (wenn zum Beispiel die Erinnerung an einen Missbrauch in der Kindheit über uns hereinbricht) und dadurch den Alltag nur schwer bewältigen können,
dann müssen wir sehr vorsichtig mit uns selbst umgehen und dürfen uns nicht unter Druck setzen.

Sich nicht an Leistungen messen

Wenn man sich etwas vorgenommen hat und es nicht schafft, dann fühlt man sich wie ein Versager. Aber wir sollten uns auch fragen, warum es so wichtig für uns ist, »es zu schaffen«. Ich tue bestimmte Dinge nur, weil ich weiß, dass ich mich besser fühle, wenn ich sie erreicht habe. Zu oft messe ich mich nur an dem, was ich leiste, und nicht an dem, *was ich bin*. Das kann schlimme Folgen haben.

Trotzdem dürfen wir stolz auf uns sein, wenn wir etwas erreicht haben. Meine Freundin schaffte es, wieder in ihren Beruf im Bereich der Erwachsenenbildung einzusteigen, nachdem sie jahrelang keine anspruchsvolle Arbeit mehr tun konnte. Unter großer Kraftanstrengung überwand sie ihre Angst und ist jetzt auch zu Recht stolz auf das, was sie erreicht hat.

Sie hat einen Stein aus ihrer Mauer gebrochen. Sie hat ihre Angst überwunden. Jetzt fühlt sie sich stärker und sie würdigt sich für das, was sie erreicht hat, und dafür, dass sie solch ein wunderbarer Mensch ist.

Was wäre, wenn ...?

»Was-wäre-wenn«-Sätze sind typisch für mich. Was wäre, wenn eines meiner Kinder sterben würde? Diese Vorstellung ist so fürchterlich, dass ich nicht einmal darüber nachdenken kann, ohne dass ich Angst und Tränen hochkommen spüre. Wenn mein Mann eine halbe Stunde zu spät nach Hause kommt, dann stelle ich mir vor, wie er tot unter einem Bus liegt, und ich warte nur darauf, dass die Polizei an unserer Haustür klingelt. Was wäre, wenn ...? Was wäre wenn ...? Diese Gedanken lähmen mich. Und wenn ich so weitermache, dann werde ich mich mein ganzes Leben lang sorgen und unglücklich sein und mich von der Angst erdrücken lassen. Beste Voraussetzungen für einen Schlaganfall oder einen Herzinfarkt!

Jemand sagte einmal, er habe viele Sorgen in seinem Leben gehabt, aber die meisten Befürchtungen hätten sich nicht bewahrheitet. Mir ist bewusst, dass mich diese »Was-wäre-wenn«-Sätze beherrschen.

Diese ständigen Sorgen können uns gefangen halten und dazu führen, dass wir hinter unsere Mauer kriechen. Aber wir können durch diese Sorgen reifen. Es scheint mir fast so, als würden wir innerlich stärker, wenn wir uns diesen Sorgen bewusst stellen.

Es ist also in Ordnung, wenn wir uns manchmal solche »Was-wäre-wenn«-Fragen stellen. Wir müssen allerdings lernen, uns von den Zukunftssorgen nicht unsere Lebensfreude nehmen zu lassen.

Zum Nachdenken

- Sie *haben* die innere Kraft, Ihre Angst zu überwinden. Mit dieser Kraft können Sie nach und nach Ihre eigene Strategie entwickeln und mutig ein kleines Loch in Ihre Mauer machen.
- Wenn Sie es schaffen, auch nur einen Stein herauszubrechen und dann für kurze Zeit auf die andere Seite zu kriechen, dann werden Sie feststellen, wie wunderbar Sie sich nach diesem Erfolg fühlen. Aber bleiben Sie nicht zu lange. Bringen Sie sich schnell wieder in Sicherheit und freuen Sie sich darüber, dass Sie es geschafft haben.

Praktische Tipps

1. Schreiben Sie Ihre »Was-wäre-wenn«-Sätze auf. Versuchen Sie herauszufinden, welche dieser Befürchtungen unrealistisch sind.

2. Was könnten Sie tun, um diese unrealistischen Ängste in den Griff zu bekommen?

3. Was könnten Sie tun, um den ersten Stein aus Ihrer Mauer zu brechen?

13. Als Außenseiter leben

Keiner, der die Lasten eines anderen mitträgt, ist in dieser Welt nutzlos.
Charles Dickens

Sobald wir einen Stein aus unserer Mauer gebrochen haben und versuchen, für einige Zeit hinter unserer Mauer hervorzukommen, kann es Zeiten geben, in denen wir den Eindruck haben, nicht in diese Welt zu passen. Ich kenne dieses Gefühl nur allzu gut, und viele Menschen, mit denen ich gesprochen habe, sagten ebenfalls, sie hätten den Eindruck, dass die Leute sie irgendwie eigenartig fänden.

Vielleicht ist das Gefühl, man sei ein Außenseiter der Gesellschaft, einfach eines dieser seltsamen Gefühle, die viele Menschen haben, und vielleicht hängt es mit einem geringen Selbstwertgefühl und dem zunehmenden Individualismus in unserer Kultur zusammen.

Wenn man aus der Reihe tanzt

Ich denke, es gibt viele Dinge im Leben, die eigentlich keinen Sinn machen. Ich selbst tue ja auch Dinge, die sehr merkwürdig sind.

- Ich führe Selbstgespräche. (Deshalb finde ich es auch gut, einen Hund zu haben, denn dann kann ich so tun, als würde ich mit ihm reden.) Wenn man sich die Autofahrer betrachtet, stellt man auch fest, dass viele von ihnen Selbstgespräche führen oder vor sich hinsingen.
- Ich finde meine Fantasiewelt viel interessanter als die so genannte »reale« Welt. Deshalb verbringe ich auch viel Zeit in ihr. So bleibt mein Leben erträglich.
- Ich hänge meine Jeans da auf, wo ich sie immer sehen kann, und hoffe, dass sie mir eines Tages wieder passen. Dann esse ich eine Packung Schokokekse und frage mich, warum ich das eigentlich tue. Und dann schaue ich die Jeans an und hasse mich selbst.

(Die Liste ließe sich beliebig verlängern.)

Ich habe festgestellt, dass es viele Menschen gibt, die ähnlich komische Angewohnheiten haben. Also bin ich wahrscheinlich gar nicht so übergeschnappt und verrückt, wie ich manchmal denke. Ich glaube, wir müssen Schritt für Schritt lernen, uns so zu akzeptieren, wie wir sind, wenn wir inneren Frieden haben wollen. Das Leben, die Welt und das ganze Universum sind einfach unbegreiflich, und wir müssen uns damit abfinden, dass wir das alles mit unserem Verstand nicht wirklich erfassen können.

Sich selbst akzeptieren

Es ist mir klar, dass ich mein Leben wohl niemals so gut in den Griff bekommen werde, wie das bei anderen offenbar der Fall ist. Es mag für manche Menschen leicht sein, das Leben locker anzugehen und sich keinen Stress zu machen, aber das ist anscheinend nicht meine Art. Warum bin ich nur so dumm? Ist es denn so schwer, sich mal eine Verschnaufpause zu gönnen? Ich probiere es immer wieder – und schaffe es einfach nicht. Ich nehme mir so oft vor, am Nachmittag mal fünf Minuten Pause zu machen und die Beine hochzulegen. Man sollte doch meinen, das wäre eine einfache Sache, oder?

Jeder fasst immer wieder gute Vorsätze (endlich abzunehmen, mehr Sport zu treiben, sich neuen Aufgaben zu stellen), aber wir müssen unterscheiden lernen zwischen den Dingen, die wir wirklich ändern können, und denen, die für uns unerreichbar sind. (Ich komme im Laufe dieses Buches noch einmal darauf zurück.) Früher versuchte ich immer Dinge zu ändern, die ich gar nicht bewältigen konnte. Das war unglaublich dumm von mir. Mir geht es hier darum, dass wir lernen ...

– uns gut zu fühlen so, wie wir sind;
– mit uns selbst im Frieden zu sein;
– über uns selbst zu lächeln;
– diese »alten Kassetten« abzuschalten und uns selbst positivere Botschaften zu vermitteln. Statt zu sagen: »Ich bin ein Außenseiter«, könnte man zum Beispiel sagen: »Ich bin ein einzigartiger Mensch mit einer ganz eigenen Art von Humor und einer ganz individuellen Lebenseinstellung, und ich möchte ohnehin

kein Mensch sein, der sich allem anpasst. Ich bin eben so.«
Und dann versuchen Sie hinzuzufügen: »Und ich mag mich
so, wie ich bin!« (Ganz schön schwer.)

Der Eiertanz

Auf der anderen Seite der Mauer müssen wir lernen, mit Missverständnissen umzugehen. Im Laufe der letzten zehn Jahre habe ich
gelernt, dass ich Situationen oder das, was andere sagen oder schreiben, oft missverstehe. Vielleicht sind es ja diese Missverständnisse,
die viele von uns dazu brachten, uns überhaupt hinter unserer Mauer zu verstecken.

Eines Morgens packte meine Tochter ihre Koffer, weil sie wieder
zurück zum College musste. Beim Bügeln fiel mir die Aufschrift auf
einem Eierkarton auf: »Verkaufen Sie Ihre Eier im Handumdrehen!«

Sofort stellte ich mir vor, wie Verkäufer in rosa Ballettröckchen
sich zu klassischer Musik bewegten und den überraschten Kunden
»im Handumdrehen« Eier verkauften. Dieser Eiertanz war sicher nicht
gerade das, was die Aufschrift auf dem Eierkarton bedeuten sollte.

Ich dachte darüber nach, während ich bügelte, und erkannte, dass
ich meine Therapeutin Ruth zu dieser Zeit wohl auf die gleiche
Weise missverstand. Ich war sehr wütend auf sie und hatte das Vertrauen zu ihr verloren. Ich wurde mir dessen bewusst, als ich an jenem Morgen einen Tagebucheintrag machte, in dem ich mir meine
ganze Wut von der Seele schrieb. Da wurde mir klar, dass ich all
meinen Mut zusammennehmen musste, um mit ihr zu sprechen,
denn mit meinen Gefühlen ihr gegenüber verhielt es sich genauso
wie mit meiner Vorstellung von diesem Eiertanz. Was sie mir zu erklären versuchte, kam wahrscheinlich einfach falsch bei mir an.
Irgendetwas schien da schief gelaufen zu sein.

Missverständnisse kommen schnell zustande

Da war irgendwo ein Fehler passiert bei der »Datenübermittlung«.
(Haben Sie gemerkt, dass ich mir beim Schreiben selbst gesagt

habe: »Du bist wirklich ein hoffnungsloser Fall, du kannst noch nicht mal richtig zuhören, wenn dir jemand etwas sagt. Du bist ein richtiger Idiot.«) Okay. Ich kann ja mal versuchen, nicht immer *mir* die Schuld zu geben.

Aber es ist sehr wichtig zu erkennen, dass es im zwischenmenschlichen Bereich am laufenden Band zu Missverständnissen kommt.

Statt mich aufzuregen, wenn mir ein Familienmitglied etwas sagt, was mich verletzt, versuche ich mittlerweile, die Bedeutung des Gesagten zu erkennen. Es ist erstaunlich, wie oft ich etwas falsch verstehe und dann gekränkt bin, weil ich meine, jemand will mich fertig machen.

Es passiert so leicht, dass man etwas ganz anders versteht, als es gemeint war. Außerdem können hier unterschwellige Gefühle mitschwingen, die wir in unserer Abwehrhaltung hinter der Mauer nicht immer klar erkennen können.

Tiefer blicken

Wenn ich jemandem erkläre, wie ich eine Patchwork-Decke herstelle, dann werde ich oft mit verwunderten Blicken angestarrt, in denen die unausgesprochene Frage zu lesen ist, wie man nur Stunden damit zubringen kann, Stoffe in kleine Stücke zu zerschneiden, um sie dann wieder zusammenzunähen. Ich kann verstehen, wenn die Leute glauben, das sei verrückt. Ich muss ihnen erklären, was sich bei dieser Arbeit auf einer tieferen Ebene in mir abspielt: der Reiz, ein geometrisches Muster zu kreieren, das Zusammenspiel der Farben und einfach die Freude daran, etwas Schönes herzustellen.

Wenn ich so etwas Zeitaufwändiges wie eine Patchwork-Decke mache und all die Rückenschmerzen und die Frustration, die damit verbunden sind, in Kauf nehme, dann denke ich fast die ganze Zeit an die Person, für die ich das alles tue, und daran, wie sehr ich sie liebe. Für mich ist das wie eine Art Gebet.

Wer also nicht weiß, was Patchwork für mich bedeutet, der kann nicht verstehen, warum ich so etwas tue. Wer nur oberflächlich hinsieht (wie ich Stoffe zerschneide und wieder zusammennähe), kann nicht einmal im Ansatz erkennen, was sich dabei auf meiner Gefühlsebene abspielt.

Manches fassen wir falsch auf

So kann es passieren, wenn wir etwas Negatives erleben. Wir meinen, wir verstünden, was andere sagen oder tun, aber oft fassen wir diese Dinge völlig falsch auf. Die Worte und Taten anderer Menschen zu verstehen, kann eine sehr heikle und verwirrende Angelegenheit sein. Von meinem Platz im Turm aus begreife ich immer mehr, dass ich oft extrem falsch liege.

Sie sind einzigartig!

Es gibt noch einen anderen wichtigen Aspekt im Umgang mit unserer Angst, nicht in diese Welt zu passen: Wir müssen lernen, uns selbst viel mehr Bedeutung beizumessen.

Gestern hatte ich einen Termin bei meinem Chiropraktiker. Das ist zwar eine sehr kostspielige Angelegenheit, aber wenn man dadurch von seinen Schmerzen befreit wird, dann lohnt sich jede Investition. Ich habe auch festgestellt, dass dieser Therapeut ein sehr weiser und einfühlsamer Mensch ist, der mir zu einem körperlichen Wohlbefinden verhalf, wie es wohl einem Schulmediziner kaum möglich gewesen wäre.

Gestern sprachen wir über das Selbstwertgefühl und ich erzählte ihm, wie schwer es mir fällt, dieses Buch zu schreiben, weil ich einfach nicht genügend Selbstachtung habe. Ich finde es heuchlerisch, dieses Buch zu schreiben, und ich fühle mich dieser schwierigen Aufgabe nicht gewachsen.

Robin sah mich an und sagte, ich sei ein einzigartiger Mensch – jeder Mensch sei schließlich einzigartig! Er riet mir dann, ich solle mir immer wieder sagen, ich sei einzigartig, was ich dann auch tat. Als ich im Zug nach Hause fuhr, sagte ich mir diesen Satz einige Male vor. Daraufhin wurde mir innerlich ganz warm. Ich wusste, dass ich ein ziemlich albernes Lächeln auf meinem Gesicht hatte. Aber ich fühlte mich großartig.

Jedes Geschöpf ist einzigartig (nur das geklonte Schaf Dolly nicht – und hoffentlich werden die Pläne vom Klonen von Menschen nie in die Tat umgesetzt). Wie oft man uns also auch eingeredet hat, wir seien ein hoffnungsloser Fall und zu nichts nütze – das stimmt ganz einfach nicht.

Zum Nachdenken

– Jeder Mensch ist einzigartig.
– Jeder Mensch ist etwas ganz Besonderes.
– Jeder Mensch ist wertvoll.

Praktische Tipps

1. Sagen Sie sich, dass Sie etwas ganz Besonderes sind. (Ich weiß, dass es Tage gibt, an denen man das leichter glauben kann als an anderen.) Jeder Mensch ist etwas Besonderes und kann sein Leben ändern, indem er das glaubt. Diese Überzeugung gibt uns die Kraft, einige Steine aus unserer Mauer zu brechen und hinter unserer Mauer hervorzukommen.

2. Wenn Sie sich das nächste Mal verletzt oder verärgert fühlen, dann fragen Sie nach. Ich selbst habe Jahre gebraucht, um dies zu lernen. Es ist wohl ein lebenslanger Lernprozess.

3. Denken Sie gründlich über die negativen Erfahrungen Ihrer Vergangenheit nach. All dieses »Zeug« müssen wir als Kette betrachten, die uns an unsere Mauer fesselt. Wir müssen den Schlüssel zu diesen Fesseln finden, sonst haben wir keine Chance, auf der anderen Seite der Mauer zu überleben.

4. Schreiben Sie dieses »Zeug« auf und suchen Sie sich dann eventuell eine vertrauenswürdige Person, mit der Sie darüber sprechen können.

14. Die Lügen überwinden

Wenn wir uns nicht bewusst und beständig auf unser spirituelles Leben konzentrieren, dann werden wir nie die Art von Freude, Zufriedenheit und Verbundenheit empfinden, nach der wir uns alle sehnen.
Susan Jeffers

Ein anderer wichtiger Aspekt für das Leben auf der anderen Seite unserer Mauer ist, dass wir dort vermutlich eher überleben werden, wenn wir den Lügen, die wir in unserer Kindheit über uns selbst eingetrichtert bekamen, keinen Glauben mehr schenken.

Bei den meisten Menschen, die ich kenne, ist das geringe Selbstwertgefühl auf Begebenheiten in ihrer Vergangenheit zurückzuführen. Ich erwähnte bereits, dass zum Beispiel vielen in der Schule verdeutlicht wurde, sie seien in Mathematik ein hoffnungsloser Fall. Mir wurde das auch immer wieder gesagt, aber heute ist Mathematik für mich etwas unheimlich Faszinierendes. Ich liebe es, mich damit zu beschäftigen. Wenn ich im Zug sitze, grüble ich oft über irgendwelche mathematischen Zusammenhänge nach, kreiere Muster oder stelle mir irgendwelche Zahlenreihen vor.

Ich schaffte es also, dieser Lüge, ich sei nicht gut in Mathematik, keinen Glauben mehr zu schenken. Es gibt immer noch viele Dinge, die ich nicht verstehe oder die mich in Panik versetzen, wie zum Beispiel, wenn ich vor jemandem etwas ausrechnen soll. Aber heute weiß ich, dass ich wohl eher deshalb ein »hoffnungsloser Fall« war, weil ich keine guten Lehrer in Mathematik hatte und nicht bereit war aufzupassen. (Was der Lehrer sagte, war so uninteressant im Vergleich zu den Dingen, die in meinem Kopf vor sich gingen.)

Wir können es schaffen, diese Lügen zu überwinden

Da ich es geschafft habe, dieser einen Lüge keinen Glauben mehr zu schenken, weiß ich, dass ich auch in der Lage bin, andere Lügen zu überwinden.

Einige der Lügen, die uns beigebracht wurden, begründen unsere Angst und unser Versagen und (was vielleicht am bedeutendsten ist) bewirkten, dass wir unsere Angst und unser Versagen viel zu schnell akzeptieren. Es gibt Dinge, die wir akzeptieren müssen, weil wir sie nicht ändern können. Wir müssen es lernen, die Dinge zu ändern, die wir ändern können, und sie von den Dingen zu unterscheiden, die wir nicht ändern können. (Dieser Lernprozess ist äußerst wichtig für unser Leben, und wir müssen immer wieder daran arbeiten.) Am wichtigsten ist es jedoch, uns immer wieder zu sagen, dass Änderung möglich ist.

Bin ich in der Lage, mich zu ändern?

Änderung geht normalerweise sowohl bei Organisationen als auch bei einzelnen Menschen nur langsam vonstatten und ist oft konfliktbeladen und schmerzhaft. Sie ist anstrengend und kann uns all den Mut und all die Kraft kosten, die wir aufbringen können. Aber sie ist möglich. Auch während des letzten Jahres erlebte ich Veränderung. Wenn ich auf die fünf Jahre meiner Therapie zurückblicke, dann kann ich erkennen, dass ich mich in dieser Zeit enorm verändert habe – auch wenn es immer noch Dinge gibt, die mich völlig aus der Bahn werfen können. Mittlerweile bekomme ich mich jedoch wieder ziemlich schnell in den Griff. Probleme, die mich früher für mehrere Stunden lahm legten, kann ich heute innerhalb weniger Minuten lösen. Dinge, die mich früher in tiefe, monatelange Depressionen stürzten, bekomme ich heute in wenigen Wochen in den Griff. Ich kann tief durchatmen und dann mein Leben weiterleben.

Wir verändern uns ständig

Manche Menschen, die an Depressionen leiden, sagen, sie glaubten nicht, dass sie sich jemals ändern könnten. Aber es ist eine Tatsache, dass sich jeder Mensch im Laufe seines Lebens verändert. Manchmal geht es eben so langsam voran, dass man kaum eine Änderung erkennen kann. Veränderung ist aber auch etwas, vor dem wir uns fürchten. Jede Veränderung ist ein großes Ereignis, und wenn wir uns schon von unserem Kampf um das Selbstwertgefühl überfordert fühlen, dann scheint es keine gute Idee zu sein, dem noch etwas Neues hinzuzufügen.

Wenn wir allerdings eine höhere Lebensqualität erreichen möchten, dann kann uns auch eine langsame Veränderung wirklich eine große Hilfe dabei sein. Wenn wir diese Veränderung dann ganz vorsichtig in Angriff nehmen, wird sie uns auch gelingen. Wir können uns diesen Prozess erleichtern, indem wir uns nicht zu viel zumuten und uns selbst belohnen.

Wie belohnt man sich selbst?

Es ist sehr wichtig, dass wir von Zeit zu Zeit innehalten, um uns selbst zu loben und uns zu belohnen.

Manchmal belohne ich mich mit einem Patchwork-Kurs, und als ich letzte Woche einen solchen besuchte, lernte ich eine wichtige Lektion über mein Selbstwertgefühl. Ich sagte den anderen, dass es mir einfach nicht gelinge, die verschiedenen Dreiecke mit den Spitzen exakt aneinander zu nähen. Eine andere Kursteilnehmerin, die eine wahre Expertin in Sachen Patchwork war, erklärte mir dann, ich müsse die Stoffstücke nur exakt zuschneiden, dann könne ich mithilfe des Patchwork-Nähfußes, den ich mir extra für meine Nähmaschine gekauft hatte, viel bessere Resultate erzielen.

Daraufhin war mir klar, was ich falsch gemacht hatte. Ich traute mir nicht zu, auch schwierige Dinge fertig bringen zu können. Ich nahm mir sofort vor, genauer zu arbeiten und, was noch wichtiger war, *mir zuzutrauen, dass ich es konnte.*

Jetzt traue ich mir von Anfang an zu, dass ich sauber und akkurat arbeiten kann – und es gelingt mir tatsächlich!

Zum Nachdenken

– Wir müssen daran glauben, dass wir es schaffen.

– Es kann enorm helfen, manchmal einfach innezuhalten, um über etwas Schönes und Erholsames nachzudenken. So können wir den inneren Frieden und die Freude spüren, die wir für uns in Anspruch nehmen dürfen.

Praktische Tipps

Die folgenden Punkte in die Tat umzusetzen betrachte ich als meine Lebensaufgabe.

1. Machen Sie eine Liste mit den Lügen, die man Ihnen beibrachte. Es können Dutzende sein. Mir half es, hinter jede Lüge einen kurzen Kommentar zu schreiben. (In meinem Tagebuch ließ ich meiner Wut dann freien Lauf. Niemand wird das je zu lesen bekommen, so dass es nichts macht, wenn ich richtig brutal bin. Das kann enorm befriedigend sein, auch wenn man sich zugegebenermaßen ein bisschen unwohl dabei fühlt.)
Hier sind zwei der Lügen, mit denen ich zu kämpfen hatte. Vielleicht helfen sie Ihnen, einen Anfang zu finden:
   – Ich bin zu nichts nütze und werde es niemals zu etwas bringen.
   – Ich bin ein hoffnungsloser Fall.
Manche dieser Lügen, die uns vermittelt wurden, wurden nie wirklich ausgesprochen. Lügen können auch durch Handlungsweisen zum Ausdruck kommen. Wenn wir behandelt werden, als seien wir bedeutungslos, dann glauben wir das irgendwann.

2. Versuchen Sie als Nächstes, die folgenden Sätze zu vervollständigen. Wie bei all meinen Vorschlägen sollten Sie darauf immer wieder zurückkommen und mit bunten Farben wichtige Dinge anstreichen. Vielleicht schreiben Sie sich auch ein Datum an den Rand. So können Sie Ihre Fortschritte leichter erkennen. Machen Sie sich keine Sorgen, wenn Sie den Eindruck haben, seit Jahren an einigen Punkten nicht weiterzukommen. So ist das eben im Leben, aber es ist kein Hinweis darauf, dass man vielleicht versagt hätte. Für uns Menschen war Veränderung schon immer etwas Schwieriges.

- In zehn Jahren wäre ich gerne ... (Überlegen Sie sich nur eine konkrete Sache, die Sie in Ihrem Leben ändern möchten. Versuchen Sie etwas zu nehmen, das Sie auch wirklich ändern können! Aber es kann etwas sein, bei dem Sie auf die Hilfe anderer angewiesen sind.)
- In einem Jahr wäre ich gerne ... (Hier könnte etwas stehen, für das Sie nur wenig Hilfe von außen brauchen werden.)
- In einem Monat wäre ich gerne ... (Setzen Sie es nicht zu hoch an!)
- In einer Woche könnte ich nach meiner Einschätzung ... (Nur eine einfache, leicht zu erreichende Sache.)

Wenn Sie wollen, hängen Sie diese Liste irgendwo auf, wo Sie sie sehen können, und geben Sie sich einen »Punkt«, wenn Sie etwas erreicht haben. (Ich weiß, das klingt albern, aber solch ein Punktezettel bewirkt bei mir wahre Wunder.)

Normalerweise machen wir samstags nicht viel. Das ist großartig. Und sonntags gehen wir meist zur Kirche. Ich möchte dieses geistliche Element in meinem Leben nicht missen. Ich brauche die Verbindung zu Gott. Victoria Wood

15. Verantwortung und Versagen

*Wie man mit uns umgeht, nehmen wir in uns auf. Was wir auf-
nehmen, üben wir ein. Was wir einüben, werden wir. Was wir
werden, hat Folgen.*

Dr. Desmond Kelly, Experte auf dem Gebiet
Depressionen und Phobien

Menschen, die eine schwere Kindheit hatten oder irgendein anderes
traumatisches Erlebnis, das tiefgreifende Auswirkungen auf ihr Leben und Denken hatte, sind manchmal auch als Erwachsene in un-
angemessener Weise von anderen abhängig. Manchmal ist es durchaus angebracht, von anderen abhängig zu sein; wenn wir uns zum
Beispiel verletzt haben, sind wir ja auch darauf angewiesen, dass
sich Ärzte und Schwestern um uns kümmern. Wenn wir allerdings
zu sehr von anderen abhängig sind und uns weigern, Verantwortung
für uns selbst zu übernehmen, dann ist das ein äußerst schwerwie-
gendes Problem.

Wir müssen selbst die Verantwortung für unser Leben übernehmen, wenn wir auf der anderen Seite unserer Mauer zurechtkommen wollen.

- Wie leicht sagen wir: »Sie hat mich verärgert«, wenn wir für
  unsere Gefühle und Reaktionen selbst die Verantwortung übernehmen sollten.
- Wie leicht denken wir: »Ich kann nichts tun, dass mein Leben
  lebenswerter wird«, obwohl wir das sehr wohl können.
- Wie leicht glauben wir, dass Dinge, die uns widerfahren, nur
  geschehen, weil wir es nicht besser verdient haben oder weil
  wir für irgendetwas bestraft werden müssen. (Allen Menschen
  widerfahren schlimme Dinge, unabhängig davon, was sie getan haben oder wer sie sind.)
- Wie leicht fragen wir: »Was soll ich nur tun?«, statt anzufangen, uns selbst Gedanken zu machen.

Wir sind für unser Scheitern selbst verantwortlich

Unsere Fehler machen uns nichts aus, solange wir einem anderen die Schuld dafür geben können. Wenn wir andere oder die Art und Weise, wie wir in unserer Schulzeit behandelt wurden, für unsere Fehler verantwortlich machen, werden wir nicht wirklich glücklich leben können, weil wir alles von uns wegschieben, statt den Tatsachen ins Auge zu blicken.

Verstehen Sie mich bitte nicht falsch. Größtenteils sind die Probleme, die wir heute haben, die Folge von Dingen, die wir in unserer Vergangenheit erlebt haben – oft Dinge, auf die wir damals keinen Einfluss hatten.

ABER ...

Wir müssen für unser Leben selbst die Verantwortung übernehmen, auch wenn es unerträglich sein kann zu wissen, dass jedes Scheitern zumindest teilweise mit unserer eigenen Unzulänglichkeit zu tun hat. Wir fühlen uns elend. Hoffnungslos. Als Versager.

Was man als Scheitern bezeichnet, ist von Mensch zu Mensch unterschiedlich. Während meiner Zeit in Oxford begingen einige Studenten Selbstmord. Manche von ihnen hatten gute Zensuren, waren in ihrer Schulzeit aber eben sehr gut gewesen. Ihre etwas schlechteren Noten betrachteten sie als Versagen.

Diese jungen Menschen waren in den Augen ihrer Eltern wahrscheinlich sehr erfolgreich, aber sie begriffen nicht, dass niemand ununterbrochen Spitzenleistungen erbringen kann. Sie standen unter dem Druck des Mythos, der für das englische Schulsystem so typisch ist – dass nämlich ein akademischer Bildungsgrad als oberstes Ziel im Leben gilt. Manche Menschen sind von diesem Gedanken derart besessen, dass sie ihre Mitmenschen nach dem Grad ihrer Intelligenz beurteilen und sogar deren Wert als Menschen davon abhängig machen.

Das ist einfach nur dumm. Erstens, weil wir alle verschiedene Fähigkeiten haben – praktische, zwischenmenschliche, kreative, sprachliche und so weiter, weil also jeder anders veranlagt ist. Und zweitens, weil es sehr gefährlich sein kann, wenn Eltern und Lehrer zu viel Wert auf die Schulbildung legen. So bekommen viele Kinder den Eindruck, sie seien Versager – und das kann tragische Folgen haben.

Wie gesagt, wir müssen für unsere Fehler selbst die Verantwortung übernehmen. Fehler sind ein unvermeidlicher Teil unseres Lebens. Wenn wir es lernen, die Schuld nicht immer auf andere abzuwälzen, dann kommt uns das Leben auf der anderen Seite unserer Mauer auch nicht mehr so schwer vor. Die Verantwortung für alle Bereiche unseres Lebens selbst zu übernehmen kann auch sehr ermutigend sein – so dass wir die Kraft haben, gleich mehrere Steine aus unserer Mauer zu brechen.

Die eigenen Fehler nicht überbewerten

Falsche Schuldgefühle und die Einstellung, man sei ein Versager, sind Dinge, von denen wir wegkommen sollten. An ihnen festzuhalten würde ja heißen, den Lügen, die uns beigebracht wurden, zu glauben.

Es ist einfach zu sagen, man sei ein »geborener Verlierer«. Aber das ist völlig falsch. Niemand ist ein geborener Verlierer. Wir wurden in eine fehlerhafte Welt hineingeboren, und unsere Eltern und Lehrer wurden ihrer Aufgabe nicht gerecht, was dann wiederum unser Innerstes verletzte. Meine Mutter sagte mir zum Beispiel immer wieder, ich würde es niemals zu etwas bringen. Ich glaubte ihr das! (Kinder glauben ihren Eltern fast alles.)

Wenn ich also einen Fehler mache (und das kommt häufig vor), kann ich ihn leicht überbewerten. Ich sehe ihn dann als einen Beweis, dass meine Mutter Recht hatte und ich wirklich ein Mensch bin, der zu nichts zu gebrauchen ist. Wenn ich einen Fehler mache, dann denke ich häufig immer noch so. Ich finde es sehr schwer, meine Denkweise zu ändern. Ich rede mir selbst ein, dass ich tief in mir drin doch weiß, dass ich ein hoffnungsloser Fall und zu nichts nütze bin. Aber ich bin mir dessen bewusst, dass ich diese Denkweise ändern muss, sonst würde ich ja dieser Lüge glauben und meiner Mutter Recht geben – und das will ich auf keinen Fall!

Um uns selbst vor dem Versagen zu schützen, bleiben wir hinter unserer Mauer sitzen und sagen uns, dass wir mit Sicherheit Fehler machen werden, sobald wir hervorkommen. Es ist viel leichter, einfach sitzen zu bleiben. Aber macht nicht jeder Mensch irgendwann irgendwelche Fehler? Niemand ist fehlerlos.

Zum Nachdenken

Jedesmal, wenn wir versagt haben oder mit einem Problem konfrontiert sind, können wir das als Möglichkeit betrachten, etwas über uns selbst zu lernen und für das Leben auf der anderen Seite der Mauer zu reifen.

Praktischer Tipp

Was ich hier beschreibe, ist etwas, das ich selbst oft anwende, auch wenn ich heute keine Tabelle mehr anlege. Es kann uns zeigen, dass das Leben auf der anderen Seite der Mauer nicht halb so schlimm ist, wie wir dachten, und es hilft uns, unsere Angst zu überwinden.

Fertigen Sie eine Tabelle mit drei Spalten an, mit Hilfe derer Sie dann über die Dinge nachdenken können, die Ihnen Probleme bereiten, wie zum Beispiel zur Arbeit oder auf eine Party zu gehen. Tragen Sie ein, wie gerne Sie diese Dinge grundsätzlich tun würden.

Was steht an?	Wie gerne würde ich zu der Party gehen	Wie viel Spaß hatte ich letztendlich dabei? (erst nach der Party ausfüllen)
(z. B.: eine Party)	(z. B.: 10 %)	(z. B.: 90 %)

Wenn es Ihnen geht wie mir, dann werden Sie feststellen, dass viele Dinge, die Sie anfangs fürchteten und eigentlich nicht tun wollten, nicht halb so schlimm sind, wie Sie zunächst dachten. Nach und nach habe ich gelernt, dass das, wovor ich mich fürchte, weil ich Angst habe zu versagen, und das, wogegen ich mich sträube, oft von diesen »alten Kassetten« kommt. Tatsache ist aber, dass ich sie meistens bewältigen kann.

16. Das Gefühl der eigenen Bedeutungslosigkeit

Du hast mich geschaffen mit Leib und Geist,
mich zusammengefügt im Schoß meiner Mutter.
Ich war dir nicht verborgen,
als ich im Dunkeln Gestalt annahm.

Aus Psalm 139 (Gute Nachricht Bibel)

Vor kurzem sah ich ein Video von David Attenborough, in dem er über eine Polareisplatte läuft und über diese unendliche Weite nachsinnt und beschreibt, wie unbedeutend er sich als Mensch auf diesem riesigen, einsamen Flecken Erde fühlt.

Jeder, der eine geringe Selbstachtung hat, kennt dieses Gefühl. In dem Film berichtet Attenborough dann weiter, dass ihm sein Leben nicht nur unbedeutend, sondern auch sinnlos vorkommt. Ich hörte ihm zu, fassungslos über meine Reaktion. Ich kenne dieses Gefühl der Bedeutungslosigkeit. Alles scheint sinnlos und ohne Zweck. Aber ich merkte, wie ich ihm innerlich widersprach.

Ist das Leben sinnlos?

Wie kann das Leben sinnlos sein, wenn ich doch das Gefühl tiefer Liebe kenne? Wenn ich meine Familie umarme und spüre, wie wichtig ich ihnen bin? Wenn ich über die Komplexität der Schöpfung, die auf diesem Video verdeutlicht wird, staune und sehe, wie ein Seehundjunges geboren wird? Das ist so unglaublich schön, dass mir dabei die Tränen kommen.

Ja, ich kenne das Gefühl, wenn man sich unbedeutend vorkommt. Und obwohl es angesichts der gigantischen Größe der Erde und des Universums auch in gewisser Weise berechtigt erscheinen mag, so weiß ich doch, wie wichtig ich meinem Schöpfer bin. Er sorgt für mich, obwohl ich nur ein kleiner Punkt im Universum bin, und das zeigt mir, dass ich mir meines Wertes sicher sein darf. Vor einigen Jahren, als mir das noch nicht klar war, wollte ich einfach nur tot sein. Das Gefühl, keine Bedeutung zu haben, war für mich so schmerzlich, dass ich diesem Horror ein Ende bereiten wollte.

Das Wunder der Schöpfung weist auf die Existenz eines Schöpfers hin, und auch wenn ich oft den Eindruck habe, er hätte die Kontrolle verloren (bei schmerzlichen Todesfällen, Kriegen, wenn gute Menschen schlimmes Leid durchmachen müssen usw.), so kann ich doch nicht glauben, dass all diese Wunder und diese Schönheit nur durch Zufall oder durch einen im Dunkeln liegenden Prozess, den man Evolution nennt, entstanden sein sollen. Es ist wohl schwieriger zu glauben, alles sei durch Zufall entstanden, als zu glauben, dass da ein Künstler am Werk war, der so viel Freude daran hatte, schöne Dinge zu schaffen, dass er *uns* erschuf, weil er jemanden haben wollte, dem er seine Liebe zeigen kann.

Zufall oder Gottes Schöpfung?

Wenn ich sehe, wie Tausende von männlichen Pinguinen ausgehungert und verfroren ihre Jungen ausbrüten und dann an der Stimme ihre Weibchen erkennen, die nach einem dreimonatigen Aufenthalt am Meer zu ihren Männchen zurückkehren, dann verschlägt mir dieses Wunder den Atem. Er watschelt auf sie zu und sie tanzen einen Begrüßungstanz, bevor er ihr das Junge übergibt. Sie ist hundert Meilen über das Eis marschiert, um zu ihrem Baby zu kommen. Er macht sich auf den Weg zum Meer, um zu frühstücken. Läppische hundert Meilen, um seine erste Mahlzeit seit vielen Wochen zu bekommen.

Diese Komplexität zeigt mir, dass diese Welt nicht durch Zufall entstanden sein kann. Es ist so ähnlich wie das, was Prince Charles am Neujahrstag 2000 im Radio sagte. Er sagte, dass wir Menschen durch Zufall entstanden seien, sei genauso wahrscheinlich, wie wenn ein Tornado über einen Schrottplatz hinwegfegen und dabei ein vollständig funktionstüchtiges Auto produzieren würde!

Dass ich so staunen kann über die Großartigkeit der Schöpfung und dabei spüre, wie all diese Schönheit mein Herz erwärmt, ist ein Aspekt meines Glaubens, der mir wichtig und wertvoll ist. Wenn mich jemand fragt, warum Gott das Universum geschaffen hat und dann zulässt, dass die Menschen, die er geschaffen hat, in Konzentrationslagern oder Massengräbern enden oder vor Hunger sterben, habe ich keine Antwort darauf – ich verstehe es auch nicht. Aber wenn ich mir die Natur oder das kleine Pinguinjunge ansehe, weiß ich, dass auch mein Leben Sinn und Bedeutung hat, dass es auch für mich einen Platz im Universum gibt, an dem ich gebraucht werde und dass es jemanden gibt, der über mir wacht und mich liebt. Manche Pinguinbabys sterben, bevor sie ihren flauschigen grauen Federn entwachsen sind. Auch mein Leben kann schon morgen durch den Tod meines Ehemannes oder meiner Kinder völlig aus der Bahn geraten. Ich wäre sicher zornig auf Gott. Aber das würde meinen Wert keinesfalls mindern – selbst wenn ich bei all dem Leid meinen Glauben an Gott verlieren würde. Ich hätte trotzdem einen Platz in seinem Plan mit der Welt und den Menschen.

Hängt die Bedeutung von der Größe ab?

Dass David Attenborough sich so unbedeutend fühlt, hat vielleicht teilweise damit zu tun, dass er sich im Vergleich zu der Größe der Schöpfung nur sehr klein vorkommt. Das ist aber ein Missverständnis. Sichtbare Größe ist nicht mit Bedeutung oder Wert gleichzusetzen.

Ich kenne Leute, die den Wert anderer Menschen über die Größe ihrer Autos definieren, aber ich werde mich dieser Sichtweise nicht anschließen. Wenn wir diesen Gedanken weiterführen, wird uns das helfen, manche Aspekte unseres Lebens besser zu verstehen. Viren und Krankheitserreger würden wir ja auch nicht als unbedeutend einstufen, nur weil sie nicht mit bloßem Auge zu erkennen sind. Sie können selbst die fähigsten Ärzte, die millionenmal größer sind als sie selbst, handlungsunfähig machen.

David Attenboroughs Gefühl der Bedeutungslosigkeit basiert auf einem Missverständnis. Sichtbare Größe und wirkliche Bedeutung stehen in keinem direkten Zusammenhang.

Wenn ich mich hineinversenke in die Wunder unserer Welt, dann spüre ich einfach, dass es einen Schöpfer gibt, der all dies gemacht hat und der auch mich liebt und für mich sorgt.

Alles aus Liebe

Es ist schon interessant, dass viele Menschen, die ich kenne, in ihrer Jugend nichts mit Gott zu tun haben wollten. Wenn sie dann älter und reifer werden, erkennen sie, dass die Vorstellung von einem liebenden Schöpfer doch nicht allzu abwegig ist. Sie beginnen zu glauben, dass das Leben nicht völlig zufällig durch das Zusammentreffen bestimmter Atome entstanden sein kann. Dass ein liebender Gott hinter all dem steht, scheint da schon logischer zu sein.

Einige meiner Freundinnen machten diese Erfahrung, als sie ihr Baby zum ersten Mal in den Armen hielten und dabei eine so intensive und überwältigende Liebe spürten, dass ihnen klar wurde, dass mehr als nur Zufall unser Leben regiert. Andere spürten diese Liebe in anderen Situationen, oder in ihnen reifte nach und nach die Erkenntnis, dass allem ein genauer Plan zugrunde liegen muss.

Andere wenden sich an Gott, wenn sie in einer tiefen Lebenskrise Trost im Gebet suchen. Sie tun damit, was für Menschen in solch einer Situation ganz normal und richtig ist – sie wenden sich mit ihren Nöten an ihren großen Schöpfer.

Jeder Mensch verdient Liebe und Wertschätzung

Allein die Tatsache, dass wir von einem liebenden Gott geschaffen sind, zeigt, wie wertvoll jeder von uns ist. Wir sind unserem Schöpfer wichtig, weil er uns schuf, ebenso wie uns unsere Angehörigen und Freunde wichtig sind – wenn wir das Glück haben, solche zu besitzen.

Gottes Liebe und unsere Zugehörigkeit zu ihm sind die Grundlage unseres Wertes. Auch wenn wir im Vergleich zum Universum winzig sind, sind wir doch auf einzigartige Weise geliebt und wertvoll. So, wie die Pinguine Schmerzen und Qualen auf sich nehmen, um für ihre Jungen zu sorgen, glaube ich, dass sich unser Schöpfer um uns sorgt. Nichts ist ihm zu viel, wenn es um uns geht, seine Geschöpfe.

Diese Zeilen schreibe ich an einem Tag, an dem es mir gut geht. Ich erlebe aber auch oft andere Tage. Und oft verhalte ich mich nicht so, als wäre das meine tiefste Überzeugung. Darum versuche ich mir oft vorzustellen, wie mich der Schöpfer in seinen großen, liebenden Händen hält und mich umsorgt.

> *Der ewige Gott ist deine Zuflucht, in seinen Armen fängt er dich auf.*   Mose zum Volk Israel (Gute Nachricht Bibel)

Ich fühle mich geliebt, wertvoll und wichtig. Manchmal vergleiche ich Gott mit einer Pinguinmutter, die hundert Meilen über das Eis watschelt, nur um zu mir zu kommen.

Warum sehen wir unseren Wert und unsere Bedeutung nicht?

Wenn wir hinter unserer Mauer hervorkommen wollen, müssen wir uns mit dem Gedanken vertraut machen, dass wir wertvoll und bedeutend sind.

Vielleicht könnten wir uns für wertvoller halten, wenn wir Eltern gehabt hätten, die einen Weg von hundert Meilen für uns in Kauf genommen hätten, als wir klein waren und sie brauchten.

Aber wenn unsere Eltern uns schreien ließen und trotzdem ausgingen und nachts niemand da war, der sich um uns kümmerte, oder uns andere Dinge antaten, die uns verwirrten und Angst machten, dann war da nichts, worauf wir unser Selbstwertgefühl hätten aufbauen können. Stattdessen dachten wir:
- In eine Kneipe oder zum Tanz zu gehen ist wichtiger als ich.
- Es ist noch keine vier Stunden her, dass ich etwas zu essen bekam, also kann ich nicht schon wieder Hunger haben.
- Meine Mutter hat keine Zeit, mir eine Geschichte vorzulesen, weil gerade ihre Lieblingsserie im Fernsehen kommt.
- Ich werde nicht umarmt, denn in meiner Familie tut man so etwas nicht. (Kinder, die mitbekommen, dass andere Klassenkameraden umarmt werden, denken außerdem häufig, sie seien es nicht wert, auch umarmt zu werden.)

Zum Nachdenken

– Auch Sie sind geliebt.
– Wir sind für unseren großen Schöpfer sehr, sehr wertvoll.

Praktischer Tipp

Hängen Sie Bilder in Ihrer Wohnung auf, die Sie schön finden oder die Sie in ehrfürchtiges Erstaunen versetzen. Gönnen Sie sich jedes Jahr einen Kalender mit solchen Bildern. Wenn Sie keine Bilder an die Wand hängen möchten, dann stellen Sie sich ein Sammelalbum zusammen, in das Sie hineinschauen können, wenn Sie Lust haben, über die Schönheit der Schöpfung zu meditieren.

17. Die Energiereserven auffüllen

Wenn ich verreise, nehme ich immer einige Kassetten, CDs und Andachtsbücher mit – das Oxford Book of Prayer *ist eine wunderbare Zusammenstellung von Gebeten, die den Horizont erweitern und den Geist erleuchten. Es passiert im Showbusiness so leicht, dass man sich nur noch um sich selbst dreht.*

Patricia Routledge (Schauspielerin)

Wenn wir jetzt bereit dazu sind, auch für längere Zeit hinter unserer Mauer hervorzukommen, dann brauchen wir trotzdem die Gewissheit, einen Ort zu haben, an den wir uns zurückziehen können, wo wir Geborgenheit und Schutz erfahren und unsere Energiereserven auffüllen können. Wie wir das tun, hängt davon ab, welche Dinge wir gerne tun.

In meinem Schlafzimmer (meinem persönlichen Rückzugsort) habe ich eine Schachtel, in der ich Dinge aufbewahre, die eine ganz besondere Bedeutung für mich haben. Diese Schachtel ist mit meinem Lieblingsstoff bezogen, und an guten Tagen denke ich oft darüber nach, welche Dinge mir helfen, mich gut zu fühlen, zum Beispiel ein Foto, mit dem ich schöne Erinnerungen verbinde, oder ein besonderer Brief oder eine Postkarte. Solche Dinge lege ich dann in meine Schachtel, damit sie mir an schlechten Tagen helfen und mich wieder aufrichten. Ich ziehe mich dann in mein Zimmer zurück, wo ich allein sein und mich mithilfe der Dinge in meiner Schachtel an schöne Begebenheiten erinnern kann. Das trägt dann oft dazu bei, dass meine Stimmung wieder besser wird und ich mir sagen kann, dass ich kein schlechter und wertloser Mensch bin, sondern dass ich wertvoll bin und dass die schlechten Zeiten auch vorübergehen.

Ich habe schon vielen Menschen von meiner besonderen Schachtel erzählt und es ist faszinierend, dass viele, die sich daraufhin auch eine solche Schachtel zusammengestellt haben, dies sehr ermutigend und hilfreich fanden.

Solch eine Schachtel zeigt uns:

- dass wir uns selbst wertschätzen,
- dass wir uns selbst lieben,
- dass wir es uns wert sind, die Mühe auf uns zu nehmen, Schönes für uns selbst zu machen. Jeder von uns ist ein wertvoller und ganz besonderer Mensch.

Wie man sich selbst etwas Gutes tun kann

Sich einen Ort zu schaffen, wo man zur Ruhe kommen kann und wo man sich Zeit für Dinge nimmt, die einem gut tun, ist ein Beispiel dafür, wie man sich selbst Achtung entgegenbringt. Wir tun uns selbst etwas Gutes und tragen dazu bei, die guten Gefühle in uns aufzubauen, so dass sie unser Denken und Fühlen immer mehr beherrschen und schließlich die negativen Botschaften ersetzen, die uns in unserer Vergangenheit vermittelt wurden.

Zusätzlich zu der Schachtel, die neben meinem Bett steht, habe ich mir in meinem Schlafzimmer einen Platz zum Nachdenken eingerichtet – ein spezielles Sitzkissen und daneben ein Regal, auf dem ein Holzkreuz steht, eine Kerze, Bilder von meinen Kindern und meinem wunderbaren Ehemann, einige besondere Steine und Fossilien, meine Lieblingsbilder, auf denen Papageientaucher und Pinguine abgebildet sind, eine sehr schöne Muschel, ein Bild, das ein Kind aus meiner Klasse gemalt hat und auf dem steht: »Jesus ist das Licht in der Dunkelheit«, ein Bild, auf dem ein Kind in den Händen Gottes abgebildet ist, ein Ordner mit Briefen, die mir die Leser meines Buches über Depressionen geschrieben haben, ein Gedicht, das meine Tochter für mich geschrieben hat, und einige Bücher – eine Bibel, Gedichtbände und Gebetsbücher.

Ich hatte so viele Bilder, Karten und Fotos, die mir wichtig waren, dass ich eines Tages ein Album anlegte, in das ich sie einheftete. Für mich ist das eine Art, meine Lebensgeschichte noch einmal neu zu schreiben. Wie viele andere Menschen, die mit einem geringen Selbstwertgefühl zu kämpfen haben, hatte auch ich einen schweren Start ins Leben, und wenn ich mich mit diesem Album beschäftige, dann ist das für mich wie eine Wiedergutmachung, wie eine Erlösung. Es tut mir einfach gut.

Was ich also tat, war, dass ich mir einen Ort schuf, wo ich ungestört meditieren kann, wo ich mich geborgen fühle und meine Kräfte sammle, um wieder hinter meiner Mauer hervorkommen zu können. An diesem Rückzugsort mache ich mir immer wieder bewusst, dass ich in den Augen Gottes wertvoll bin und es auch in meinen eigenen Augen sein darf.

Die eigene Kindheit verarbeiten

Das beste Mittel gegen das Gefühl, ein verachteter Mensch zu sein, ist die Erkenntnis, dass wir durch die Gnade des Einen angenommen sind, der am meisten zählt ... Diese Gnade erfahren zu dürfen, heißt, uns von unserer zerstörten Kindheit zu erholen ... Scham beraubt uns unserer Kindheit. Gnade gibt sie uns wieder zurück.

Lewis Smedes in *Die heilende Kraft des Vergebens*

Es hilft mir, wenn ich versuche, die negativen Erinnerungen aus meiner Kindheit auf verschiedene Art und Weise ins Positive zu wandeln.

– Ich habe mir in Antiquariaten einige Kinderbücher besorgt, die ich früher sehr mochte. Es tut mir manchmal gut, ein gutes Kinderbuch zu lesen.
– Ich habe meine alten Fotos durchgesehen und dabei einige Begebenheiten wiedererlebt. Dabei erkannte ich, dass mir wirklich schreckliche Dinge angetan worden sind und dass es in Ordnung ist, wenn ich mich deswegen verletzt fühle. Wenn ich diesem verängstigten Kind in mir zuhöre und ihm Aufmerksamkeit schenke, dann ist es, als würden diese Gefühle mit der Zeit an Macht verlieren. Auch die Panikattacken werden seltener.
– Ich erzähle meinen Teddys und anderen »Wesen« von den Enttäuschungen, die ich in meiner Kindheit erlebt habe.

Diese Enttäuschungen sind die Basis unseres geringen Selbstwertgefühls, und der Vertrauensbruch und die furchtbare Angst, verlassen zu werden, waren der Grund dafür, dass wir uns überhaupt hinter unsere Mauer verkrochen haben.

Zum Nachdenken

- Versuchen Sie anderen Menschen zu vertrauen. Wie oft wir in unserer Vergangenheit auch enttäuscht wurden, wir müssen es riskieren, anderen Menschen zu vertrauen, sonst schaffen wir es nie, hinter unserer Mauer hervorzukommen.
- Wenn wir etwas erreicht haben, dürfen wir nicht sagen: »Ach, das war ja eigentlich nichts Besonderes!« (Das ist immer das Erste, was mir dann einfällt.) Doch, es *war* etwas Besonderes! Halten Sie kurz inne und sagen Sie sich selbst, dass Sie es wirklich gut gemacht haben.

Praktischer Tipp

Suchen Sie sich eine Schachtel und legen Sie Dinge hinein, die Ihnen Freude bereiten, wie zum Beispiel ein Bild von einem schneebedeckten Gebirge. Suchen Sie Gegenstände, von denen Sie denken, dass sie Sie an schweren Tagen aufmuntern werden. Und dann sagen Sie sich selbst, dass Sie diese Schachtel zusammenstellen, weil Sie es sich wert sind.

Fünfter Teil

Durch das Loch in der Mauer hinaussteigen

18. Wer bin ich?

Auch ein Weg von tausend Meilen beginnt mit einem Schritt.

Chinesisches Sprichwort

Es wird hoffentlich die Zeit kommen, wo wir uns dazu entschließen, das Loch in unserer Mauer so groß zu machen, dass wir des Öfteren durch es hinaussteigen können. Dann müssen wir aber auch unsere Denk- und Verhaltensweise ändern und eine »Ich-schaffe-das«-Einstellung entwickeln, um überhaupt auf der anderen Seite der Mauer leben zu können.

Ich war sehr überrascht, als viele ältere Menschen mir erzählten oder schrieben, dass sie herauszufinden versuchten, was in ihnen vorging und was ihrem Denken, Fühlen, Wünschen und Handeln zugrunde lag.

Wir neigen dazu anzunehmen, es sei die Aufgabe *junger* Menschen, herauszufinden, »wer sie sind«.

Aber auch im mittleren Lebensalter können wir Erlebnisse haben, die uns dazu bringen, unser Leben neu zu bewerten und noch einmal zu überdenken, was wir tun und wer wir sein wollen.

Es ist bemerkenswert, wie viele Frauen diese Phase der Neuorientierung durchleben, wenn ihre Kinder älter werden und sie selbst Pläne für eine Rückkehr ins Berufsleben machen können.

Durch meine Seminare für Lehrer lernte ich erschreckend viele Menschen kennen (überwiegend Frauen), die genau zu dem Zeitpunkt Eheprobleme bekamen, als sie beschlossen hatten, wieder berufstätig zu werden.

Sie mussten viel Zeit in ihre Ausbildung stecken, so dass auch die Ehepartner Aufgaben im Haushalt und bei der Kindererziehung übernehmen mussten.

Und dann kamen die Probleme zum Vorschein. Die alltäglichen Aufgaben mussten neu verteilt werden, das heißt, es mussten Änderungen vorgenommen werden; und wo Änderungen anstehen, da entstehen auch fast immer Konflikte.

Den Alltag neu organisieren

Ich bin der Meinung, dass solche Änderungsprozesse bei jedem irgendwann einmal notwendig werden können, und der Konflikt, der dann entsteht, kann auch ein Konflikt in uns selbst sein, und das ist dann sehr schwierig. Wenn man dann kein gutes Selbstwertgefühl hat, können bestimmte »Lebensereignisse« und Zeiten grundlegender Veränderungen schwerwiegende Folgen haben.

Tiefgreifende Erlebnisse wie der Zerbruch einer Beziehung oder der Tod eines geliebten Menschen können auf jeden von uns zukommen, und sie sind oft äußerst schwer zu verkraften.

Die Veränderungen und Konflikte, denen man sich dann stellen muss, können das ganze Leben umkrempeln.

Warum habe ich so reagiert?

Manchmal wundern wir uns, warum wir in einer bestimmten Situation auf eine ganz bestimmte Weise reagiert haben.
- Warum hat es mir so viel ausgemacht?
- Warum bekomme ich diese Panikattacken?
- Warum habe ich mich in dieser Gruppe so verhalten?
- Warum will ich auf keinen Fall auf diese Party?

Im Laufe des Lebens (und besonders in Phasen, in denen wir uns in Therapie befinden) lernen wir immer mehr über uns selbst. Die Person, die wir mit zwanzig genau zu kennen meinten, scheint mit dreißig schon viel komplexer und rätselhafter zu sein.

Eine der überraschendsten Entdeckungen war für mich, zu erkennen, wie hilfreich es sein kann, dieses »innere Kind« in uns wahrzunehmen und zu verstehen. Als ich diesen Gedanken zum ersten Mal hörte, dachte ich, das sei vollkommener Unsinn. Bei der Vorstellung von verschiedenen »Personen«, aus denen sich unsere Persönlichkeit zusammensetzt, sah ich mich in Gedanken schon hinter Schloss und Riegel in einer »Klapsmühle« – diese Vorstellung war einfach zu verrückt.

Doch mit der Zeit stellte ich fest, dass ich tatsächlich aus mehreren Personen bestehe. Da ist zum Beispiel das verletzte und verwirrte kleine Mädchen. Je besser ich diese verschiedenen Personen in mir wahrnehmen und verstehen lerne, desto besser komme ich mit mir selbst und meinem Leben zurecht.

Neben meinem Teddybären habe ich noch eine ganze Sammlung solcher »kleinen Freunde«, die alle einen bestimmten Teil meiner Selbst repräsentieren und mir helfen, das Leben auf der anderen Seite der Mauer zu bewältigen. Eines Tages verliebte ich mich in eine wunderschöne kleine Puppe, die ich dann auch kaufte. Das mag vielleicht absolut verrückt klingen, aber dadurch, dass ich mit ihr sprach, konnte ich in vielen Bereichen Heilung erfahren. Unser inneres Kind ist sehr wichtig.

> *Wenn wir Freude, Trauer, Ärger, Angst oder Zuneigung erleben, zeigt sich unser inneres Kind. Wenn wir unsere Gefühle zulassen, erlauben wir unserem inneren Kind zu existieren. Unser inneres Kind ist auch dann aktiv, wenn wir verspielt, spontan, kreativ und intuitiv sind und wenn wir uns im Einklang mit unserem spirituellen Selbst befinden. Man bezeichnet diesen Zustand häufig als »sein inneres Kind leben«. Wenn wir aus dieser Verfassung heraus auf andere zugehen, nennt man dies »aus dem inneren Kind heraus handeln«.*
>
> Lucia Capacchione, *Recovery of Your Inner Child*

Welcher Typ bin ich?

Manche Psychologen gehen davon aus, dass wir nicht nur stark von unserer Vergangenheit beeinflusst werden, sondern außerdem von vornherein verschiedenen Charaktertypen angehören. Das ist eine sehr interessante Sichtweise, die vielen Menschen geholfen hat, sich selbst besser zu verstehen.

So können wir uns entweder als »introvertiert« oder als »extrovertiert« betrachten – und manchmal auch als eine Mischung aus beidem, je nach den Umständen. Vielleicht sind wir Menschen, die meist intuitiv handeln, oder wir hassen Personen, die dies tun.

Wenn wir uns selbst unter dem Gesichtspunkt betrachten, wie wir denken und wie wir gern leben möchten, kann uns dies einen tiefen Einblick in unsere Persönlichkeit geben. Für mich war es sogar der

Anfang, mich selbst so zu akzeptieren, wie ich bin. Sobald ich erkannt hatte, dass ich gern allein bin, weil ich eben so bin, hörte ich damit auf, mich deswegen zu verdammen. Vorher hatte ich gedacht, dass ich diesen Wunsch, mich hinter meiner Mauer zu verstecken, weil ich mit dem Leben nicht zurechtkam, einfach überwinden musste. Es ging doch nicht an, dass ich solch eine Niete war! Aber als ich erkannte, dass introvertierte Menschen eben so sind, konnte ich lernen, mich selbst besser anzunehmen.

Für manche Menschen ist das Ausgehen am Wochenende der Höhepunkt der Woche. Dabei fühlen sie sich großartig und können Kraft für die kommende Woche tanken. Nach einer Party geht es ihnen prächtig und sie können wieder ganz neu durchstarten. Für mich bedeutet es eine unheimliche Anstrengung, wenn ich zu einer Versammlung gehen muss oder irgendwo ein Seminar zu halten habe. Oft komme ich danach erschöpft und den Tränen nahe nach Hause und brauche viel Zeit für mich allein, um mich wieder zu erholen.

Natürlich ist die Sache mit den unterschiedlichen Persönlichkeiten noch viel komplexer, und wenn Sie mehr darüber wissen möchten, dann können Sie dazu vielleicht eines der Bücher lesen, die ich in der Bibliografie empfehle.

Manche Menschen, mit denen ich zusammenarbeite, würden mich nicht als introvertiert beschreiben. Wenn wir Menschen in der Öffentlichkeit kennen lernen, sehen wir sie so, wie sie sich in dieser Situation geben, und das ist möglicherweise nur ein kleiner Ausschnitt ihrer ganzen Persönlichkeit. Wir können unsere Mitmenschen nicht wirklich einschätzen, wenn wir nur von ihrem äußeren Auftreten ausgehen.

Sich selbst verstehen lernen

Jeder Mensch ist eine komplexe Mischung aus seiner Vergangenheit, seiner Persönlichkeit, seinen eigenen Zielen und Wünschen, seinen unterschiedlichen Verhaltensweisen in verschiedenen Gruppen und so weiter. Sich selbst verstehen zu lernen ist offensichtlich ein lebenslanger Lernprozess. Ein Tagebuch zu führen hilft mir zu erkennen, wo ich mich bereits besser einschätzen kann, aber auch, wo ich noch dazulernen muss. Aber ich schreibe auch nicht regelmäßig in mein Tagebuch. Wenn es Ihnen gerade nicht danach ist, einen Tagebucheintrag zu machen, dann können Sie sich stattdessen auch Zeit zum Nachdenken gönnen, indem sie sich zwei oder drei Mal pro Woche bei schöner Musik hinsetzen und meditieren und sich dabei vielleicht an einer Blume, einem schönen Stein oder dem Schein einer Kerze erfreuen.

Zum Nachdenken

– Sehen Sie das Allerbeste in anderen Menschen.
– Suchen Sie nach der Wahrheit und sprechen Sie die Wahrheit.
– Nähren Sie Ihr inneres Kind.

Praktische Tipps

Versuchen Sie die folgenden Fragen zu beantworten. Am besten schreiben Sie Ihre Gedanken auf und versehen sie mit einem Datum. Lassen Sie viel Platz auf der Seite, so dass Sie in einem Jahr wieder darauf zurückkommen können und sehen, wie Sie sich verändert haben.

1. Bin ich eher introvertiert und schöpfe Kraft aus dem Alleinsein, oder verbringe ich lieber Zeit mit anderen Menschen?

2. Oder bin ich vielleicht eine Mischung?

3. Wie verhalte ich mich in einer Gruppe? (Übernehme ich z. B. gern Leitungsaufgaben?)

4. Wie verhalte ich mich am Arbeitsplatz?

5. Wie verhalte ich mich in meiner Familie?

6. Was brauche ich, damit ich mich gut fühlen kann?

7. Wie kann ich mich dafür belohnen, dass ich mich so um mein Selbstwertgefühl bemühe?

8. Was kann ich heute tun, um meinen langfristigen Zielen einen Schritt näher zu kommen?

19. Wie kann ich mir meines Wertes sicher sein?

Neues Selbstwertgefühl kann nur durch eine andere Beziehungsform entstehen – durch eine intensive, dauerhafte, liebevolle, akzeptierende und bestätigende Beziehung zu uns selbst.

Tony Humphreys

Bei unseren Ausflügen in die Welt auf der anderen Seite unserer Mauer stellten wir fest, dass selbstsichere Menschen offenbar über Methoden verfügen, sich selbst wertzuschätzen.

- Sie sorgen für sich selbst.
- Sie sind gut zu sich selbst.
- Sie sagen sich, dass sie »es sich wert sind« – und das nicht nur in der Werbung.

Bei Gesprächen mit Menschen mit geringem Selbstwertgefühl tritt oft deutlich zutage, dass sie jedes Empfinden für ihren eigenen Wert verloren haben.

Jeder Mensch hat gute und schlechte Seiten

Es ist sehr wichtig zu erkennen, dass jeder Mensch gute und schlechte Seiten hat.

Wenn man sich mit Menschen unterhält, die ein geringes Selbstwertgefühl haben, ist es sehr auffallend, dass sie – und ich schließe mich hier mit ein – sich selbst für absolut schlecht und nutzlos halten. Andere Menschen dagegen, so denken wir, sind perfekt. (Vielleicht ging es uns bereits als Kind so: »Mami ist gut, weil sie Mami ist. Und ich bin böse, weil ich Mami Kummer mache.«)

Dieses Schwarzweißdenken ist typisch für Jugendliche; wir sollten uns um mehr Ausgewogenheit bemühen. Statt uns einzureden, wir wären ein hoffnungsloser Fall, wäre es besser, diese »hoffnungslosen« Seiten an uns kennen zu lernen und zu akzeptieren, dass wir diese nicht von heute auf morgen ändern können. (Eine Frau schrieb mir, dass sie, sobald sie das Haus ihrer Eltern betritt, sofort in die Rolle des kleinen Mädchens zurückfällt und dann auch wie früher von ihren Eltern drangsaliert wird.)

Neben diesen alten Verhaltensmustern, die uns von Kind an beigebracht wurden, können wir die Erkenntnis setzen, dass wir auch gute Seiten haben und dass wir daran arbeiten, diesen mehr Raum in uns zu geben.

Unsere guten und schlechten Seiten haben nichts mit unserem Wert zu tun

Ich werde völlig konfus, wenn ich versuche, meinen Selbstwert über meine guten und schlechten Seiten zu definieren, oder wenn ich, wie ich bereits erwähnt habe, meinen Wert von dem abhängig mache, was ich leiste. Zahllose Menschen, die ich interviewt habe, tun gerade das.

Natürlich ist es schön, Erfolg zu haben. Die Tatsache, dass man eine feste Anstellung hat, kann zum Beispiel zu einem gesunden Selbstwertgefühl beitragen. Jede Art der Beschäftigung kann für uns Erfolg bedeuten und uns vielleicht sogar helfen, einen Sinn im Leben zu sehen!

Das Problem, das ich dabei sehe, ist jedoch, dass man sich *ausschließlich* dann wertvoll fühlt, wenn man etwas erreicht. Schon seit einigen Jahren beobachte ich das bei mir, und meiner Meinung nach hilft das überhaupt nicht weiter. Doch trotz dieser Erkenntnis fällt es mir immer noch sehr schwer, mich einfach nur um meiner selbst willen wertvoll zu fühlen. Immer wieder beziehe ich mich nur auf das, was ich geleistet habe.

Es fällt mir leichter, andere Menschen wertzuschätzen. Wenn eine Stewardess vor dem Start erklärt, was man bei einer Notwasserung zu tun hat und wo die Notausgänge sind, dann tut sie das, weil die Passagiere wertvoll sind. (Ich verdränge dabei jeden Gedanken daran, was wirklich passieren würde, wenn das Flugzeug abstürzen würde. Ich glaube sogar, dass es eine überlebenswichtige Fähigkeit des Menschen ist, die Augen vor der Realität zu verschließen und die Gedanken in eine andere Richtung zu lenken.)

Ich verstehe die Angst meiner Angehörigen, als sie von Bombardierungen im Nahen Osten hörten. Ich war nämlich gerade beruflich in Jerusalem, und es wurde angeordnet, dass alle Ausländer die Stadt verlassen sollten. Wir sollten die Stadt deshalb verlassen, weil die Verantwortlichen in der Botschaft uns für wertvoll hielten – wir sollten in Sicherheit gebracht werden. Meine Familie hatte Angst um mich, da ich für sie wertvoll bin.

Wir müssen unseren Wert erkennen lernen

Ich hörte einmal einen amerikanischen Fernsehprediger, der während seiner Ansprache sagte, dass Gott die Menschen, die hart arbeiten, wertschätzt und mit Reichtum belohnt. Damit unterstellte er gleichzeitig, dass Gott die Armen und Arbeitslosen für faul hält und als weniger wertvoll erachtet.

Was für ein unglaublich dummer und gefährlicher Unsinn!

Es ist jedoch wesentlich einfacher, das hier aufzuschreiben, als wirklich an den eigenen Wert zu glauben. Dieses Kapitel war für mich schwerer zu schreiben als alle anderen in diesem Buch. Es fällt mir so schwer, meinen Wert anzuerkennen, obwohl meine Familie mir immer wieder zeigt, wie sehr sie mich liebt.

Es fällt mir leichter, meinen Wert von Gott her zu definieren, der mich offenbar für sehr wertvoll hält. Irgendwie kann ich diese Fürsorge und Liebe Gottes akzeptieren. Ich würde also jemandem, der mich fragt, woher ich wissen könne, dass ich wertvoll bin, antworten: »Weil ich glaube, dass ich in Gottes Augen wertvoll bin.«

Der Wert eines jeden Menschen ist sozusagen Teil eines *All-inclusive*-Vertrages zwischen dem großen Schöpfer und uns, in dem auch noch das Leben, der Kreislauf, die Fähigkeit zu atmen und der Heißhunger auf Schokolade geregelt sind. Aber viele von uns weigern sich rundheraus, diesen »geschenkten« Wert anzunehmen, und bestehen darauf, dass jeder Mensch sich seinen Platz auf dieser Welt erst verdienen muss.

Sich selbst und andere wertschätzen

Wenn Sie nicht gerade andere Menschen zusammenschlagen, stehlen oder in die Häuser alter Menschen einbrechen, um diese zu berauben, dann sind Sie wahrscheinlich fähig, andere Menschen wertzuschätzen. Und wenn es uns Leid tut, dass wir uns hin und wieder unsozial verhalten, dann zeigt dies, dass wir andere Menschen grundsätzlich wertschätzen.

Der springende Punkt ist jedoch – erkennen wir auch unseren eigenen Wert?

Vor kurzem saß ein Mann neben mir im Flugzeug, der ständig schniefte. Das machte mich ganz verrückt. Als ich dann bei meiner Freundin Alice angekommen war, schimpfte ich über diesen Mann.

Sie fragte mich, ob ich es mir nicht wert gewesen wäre, die Stewardess zu bitten, mich an einen anderen Platz setzen zu dürfen. Das hatte ich natürlich nicht getan. Stattdessen blieb ich an meinem Platz sitzen und war froh, dass es nur ein kurzer Flug war. Aber ich lernte aus dieser Situation, dass ich mich selbst noch mehr wertschätzen und um die Dinge bitten muss, die ich brauche.

Als ich dann kurze Zeit später wieder im Flugzeug saß und mein Sitznachbar beim Zeitunglesen seinen Arm so auf die Armlehne stützte, dass ich mich eingeengt fühlte, nahm ich all meinen Mut zusammen und fragte, ob ich mich an einen anderen Platz setzen könnte. Das durfte ich dann auch und das war ein großer Erfolg für mich. Ich war es mir wert gewesen, gut zu mir selbst zu sein.

Je mehr ich über dieses Kapitel nachdenke und je mehr ich mich mit der Frage beschäftige, wie wir unser Selbstwertgefühl aufbauen können, desto klarer wird mir, dass das Erlernen der Fähigkeit, gut zu sich selbst zu sein, ein Schlüsselgedanke dieses Buches ist.

Zum Nachdenken

– Wenn wir unsere Einstellung und unsere Werte ändern, können wir auch unser Leben ändern.
– Wenn wir gut zu uns selbst sind, werden wir uns selbst lieber mögen.

Praktische Tipps

Wenn wir selbstsicherer werden wollen, brauchen wir ein Ziel, auf das wir zusteuern können. Wenn Sie die folgenden Punkte in die Tat umsetzen wollen, wird das einige Zeit in Anspruch nehmen.

1. Schreiben Sie auf, was Sie unter »Erfolg« verstehen. Das könnten Dinge sein wie »befördert werden«, »einen Partner finden«, »ein netter Mensch sein, mit dem andere gern zusammen sind«, »eine gute Mutter oder ein guter Vater sein«, »inneren Frieden finden«, »Schritt für Schritt aus der Depression herauskommen« und so weiter.

2. Schreiben Sie die Dinge auf, die Ihnen wirklich wichtig sind – Verhaltensweisen, die Ihrer Meinung nach eine gute und erfolgreiche Persönlichkeit kennzeichnen und die Sie an anderen bewundern. Dinge, die Sie Ihren Kindern, Nichten und Neffen (und Ihren Schülern, falls Sie Lehrer/Lehrerin sind) vermitteln möchten. Bei mir sind es folgende Punkte:
   - positives Denken,
   - Freundlichkeit,
   - Ehrlichkeit,
   - Integrität,
   - Sinn für Humor,
   und noch einige mehr.

3. Jetzt kommt der springende Punkt. Wenn Sie diese Dinge bei anderen bewundern, dann sind das auch die Eigenschaften, die Sie selbst gern besitzen möchten. Deswegen sollten Sie sich diese Liste häufig vornehmen, um feststellen zu können, ob diese Dinge in Ihrem Leben allmählich Gestalt gewinnen.

20. Bestätigung geben und empfangen

Schenke mir die Fähigkeit, an unerwarteten Orten das Gute und in unerwarteten Menschen Begabungen zu sehen, und gib mir, o Herr, die Gnade, ihnen das zu sagen.

Gebet einer Nonne aus dem 17. Jahrhundert

Wenn ich auch längere Abschnitte auf der anderen Seite der Mauer überstehen will, dann muss ich mich dort einigermaßen sicher fühlen. Anerkennung und Wertschätzung zu erfahren, kann zu diesem Sicherheitsgefühl beitragen.

Das Gefühl, okay zu sein

Ich kann mich noch gut daran erinnern, als ich zum ersten Mal in meinem Leben das Gefühl hatte, okay zu sein. Ich war damals etwa acht Jahre alt und ging in die Grundschule. Wir hatten eine Vertretungslehrerin, die wir zuvor schon einmal gehabt hatten und die sich noch an mich erinnern konnte. Als sie durch die Klasse ging, um sich unsere Namen einzuprägen, und dabei auch an meinen Platz kam, erinnerte sie sich noch daran, wie ich hieß. Sie lächelte mich an und war unglaublich freundlich zu mir. Ich war damals total überrascht. Ich hatte mich nämlich nicht mehr an sie erinnert, und sie war zu niemandem in der Klasse so nett wie zu mir.

Ich weiß noch gut, wie ich mich damals fühlte. Warum war sie nur so nett zu mir? Ich fühlte mich wunderbar, und meine große Freude über diese Begebenheit kann ich heute noch nachempfinden. Sie ist so real, als wäre das Ganze eben erst passiert.

Auch in meiner Therapie bei John hatte ich zeitweise dieses Gefühl und manchmal habe ich es bei Gesprächen mit Ruth. Ich stelle nach und nach fest, dass ich mich auch in der Beziehung zu meiner Familie so fühle, aber es dauerte lange, bis ich das erkannte, es annehmen konnte und zuließ, dass es mein Herz berührte.

Bestätigung geben

In meiner Rolle als Lehrerin lernte ich, wie wichtig es ist, Kindern, Eltern und Kollegen gegenüber positiv aufzutreten und ihnen Anerkennung zu schenken. Ich begriff sehr schnell, dass man ein Kind, das noch nicht lesen kann, oder einen jungen Lehrer, der mit einer Klasse Schwierigkeiten hat, loben und bestätigen sollte, um sie zu motivieren. Man sollte da ansetzen, wo derjenige bereits gewisse Fähigkeiten entwickelt hat, und dann auf diesem Niveau weitermachen.

Später las ich in Büchern über das Selbstwertgefühl, dass man, wenn man anderen Lob und Anerkennung schenkt, gleichzeitig auch sein eigenes Selbstwertgefühl stärkt. Das wird wohl stimmen, und es lohnt sich, es einmal auszuprobieren.

Wie sieht es in unserem Inneren aus?

Vermutlich kennt jeder Menschen, die innerlich völlig verbittert und verärgert sind, ihre Mitmenschen nur Kritik und Ablehnung spüren lassen und wie ein schlecht gelauntes Lama Boshaftigkeiten ausspucken. (Ich war einmal in Beerscheba auf einem Kamelmarkt, und Sie können mir wirklich glauben, dass Lamas wahre Weltmeister im Spucken sind.)

Ich kann nicht sagen, in welch einer inneren Verfassung solche Menschen sind, aber wahrscheinlich sind sie unglücklich und wollen auch nicht, dass ihre Mitmenschen glücklich sind. Man darf wohl davon ausgehen, dass Menschen, die sich wie spuckende Lamas benehmen, sich selbst nicht besonders wertschätzen und sich nur so verhalten, weil sie anders nicht mit ihrem Leben zurechtkommen können. Ich verstecke mich eben hinter meiner Mauer, um zu überleben, und andere verwandeln sich in Lamas.

Manchmal verhalte ich mich auch wie ein Lama, und ich glaube, man muss sich dieser Gefahr bewusst sein. Wenn wir müde sind und die Kinder herumtoben, wir vergeblich einen Parkplatz suchen, um schnell etwas aus der Apotheke zu holen, bei der Arbeit irgendetwas schiefgelaufen ist, wir uns deprimiert fühlen und dann zu Hause irgendeine Kleinigkeit passiert, dann geschieht es leicht, dass wir unsere Wut und unsere Frustration an unseren Mitmenschen auslassen.

Nachdem ich mich mit zahlreichen Menschen über das Selbstwertgefühl unterhalten und über meine Angehörigen, Freunde und Bekannten nachgedacht hatte, wurde mir deutlich, dass solche »Lamas« oft verletzte Menschen sind. Das Problem ist jedoch, dass man diese negative Lebenseinstellung sehr schnell auf seine Mitmenschen überträgt – vor allem auf Kinder. Wenn wir eine negative Ausstrahlung haben, dann ist es sehr unwahrscheinlich, dass andere darauf positiv reagieren. Stattdessen eskaliert die ganze Sache und aus einem verletzten Menschen wird eine ganze Gruppe pessimistischer Menschen, die mit sich und der Welt unzufrieden sind.

Eine Möglichkeit, dieser negativen Lebenseinstellung und diesem schlechten Selbstwertgefühl zu entkommen, ist offensichtlich, andere zu bestätigen und auch selbst Anerkennung anzunehmen.

Komplimente annehmen

Vor einigen Jahren stellte ich fest, dass ich schlecht Komplimente annehmen kann, und ich glaube, das war eines der ersten Anzeichen, die ich als Hinweis auf mein geringes Selbstwertgefühl wertete. Ich hatte meinen kleinen Sohn auf dem Arm und fragte einen der Krankenpfleger auf der psychiatrischen Station: »Ist er nicht hübsch?«, und er antwortete: »Ja, ganz wie die Mutter!« Da war ich platt! Ich war richtig wütend und den Tränen nahe. Ich hatte meine Gefühle kaum unter Kontrolle. Meine Welt war aus den Fugen geraten.

Natürlich hat der Krankenpfleger darauf reagiert, und ich musste in den darauffolgenden Wochen einige unangenehme Therapiegespräche führen. Aber letztlich habe ich viel dabei gelernt – auch wenn es mehrere Jahre dauerte, bis ich verstand, worum es eigentlich ging. Ich hatte die Meinung meiner Mutter übernommen, ich sei hässlich, dumm und zu nichts zu gebrauchen.

Jetzt versuche ich mich immer zu bedanken, wenn ich ein Kompliment bekomme. Das ist gar nicht so einfach – darum habe ich auch einige Übungen dazu in die Tipps am Ende dieses Kapitels aufgenommen.

Wir können uns ändern!

Einer der Gründe, warum ich dieses Buch schreibe, ist meine Überzeugung, dass jeder Mensch sich ändern kann, weil auch ich mich verändert habe. Ich weiß, dass ich das oft sage, aber es ist so grundlegend wichtig.

Auch wenn wir vielleicht nie alles in den Griff bekommen werden, so können wir doch einen Schritt nach dem anderen tun und dadurch unser Leben (und manchmal auch das unserer Mitmenschen) zum Positiven verändern. Wenn eine leise Stimme in Ihnen sagt, dass vielleicht die anderen zu einer Veränderung fähig sind, Sie selbst aber niemals, dann kommt diese Stimme aus einem Lebensabschnitt in Ihrer Vergangenheit, und Sie sollten ihr freundlich, aber bestimmt mitteilen, dass sie zu schweigen hat.

Jetzt wäre es wirklich gut, wenn Sie die Sache mit dem Regenbogenbuch in Angriff nähmen (falls Sie es noch nicht getan haben). Schreiben Sie auf, wie Sie auf die einzelnen Abschnitte dieses Kapitels reagiert haben, und kommen Sie in den nächsten Monaten und Jahren immer wieder auf die einzelnen Stellen zurück.

Zum Nachdenken

- Wir *können* unser Gefühlsleben ändern, indem wir anderen Anerkennung schenken und indem wir lernen, Komplimente anzunehmen.
- Schritte zu unternehmen, um Stress abzubauen, kann unsere Lebensqualität bedeutend verbessern.

Praktische Tipps

1. Versuchen Sie Ihren Mitmenschen Bestätigung zu geben. Nehmen Sie sich vor, eine Woche lang jeden Tag einem Menschen etwas Anerkennendes zu sagen.

2. Das kann auch Komplimente einschließen, aber vielleicht könnten Sie auch beides tun. Nehmen Sie sich vor, jeden Tag einem Menschen ein Kompliment zu machen.

3. (Vorsicht: viel schwieriger als die beiden ersten Punkte!) Versuchen Sie zu lernen, danke zu sagen, wenn Sie ein Kompliment bekommen. Das ist schwer, aber wischen Sie Komplimente nicht vom Tisch, denn das kann manche Menschen verletzen. Auch wenn Sie nicht mehr zustande bringen als ein Lächeln, während Sie erröten, ist das bereits ein Fortschritt.

21. Liebe, Schmerz und Tod

Deine Freude, Herr, durchbricht den Schmerz.
In den Wolken leuchtet dein Regenbogen.
Deine liebende Hand berührt mein Herz.
Mein treuer Gott, ich will dich loben.

Deine Freude dringt hinab zu mir
hier an diesen finstern Ort.
Die Verheißung gilt, ich glaube dir,
du wischst meine Tränen fort.

Nach einem Lied von George Matheson (✝ 1906)

Das Einzige, dessen wir uns im Leben sicher sein können, ist, dass wir sterben müssen. Wir alle erleben Dinge, die uns so wichtig sind, dass sie uns dazu bringen, tiefer darüber nachzudenken, was Liebe ist und was uns in unserem Leben wirklich wichtig ist. In solchen Momenten haben wir die Chance, eine neue Einstellung zu uns selbst und zu unserem Wert zu bekommen.

Heute Morgen um 3.30 Uhr starb meine Hündin Jemma. Sie starb in meinen Armen. Ich lag neben ihr auf dem Bett und spürte, wie sich dadurch mein Leben für immer verändern würde. Ich sagte ihr, wie sehr ich sie liebe. Wie wir alle sie lieben – und dass sie so einzigartig ist, dass ihr Tod unser Leben völlig verändern wird. Ich konnte den Gedanken, dass sie vielleicht leiden müsste, nicht ertragen. Ihr Körper war bereits sehr schwach und sie atmete unregelmäßig. Ich spürte, dass sie sterben musste, und so bat ich Gott, ihr ein rasches Ende zu schenken. Ich sagte ihm, wenn er mich wirklich lieben würde, sollte er sie rasch zu sich nehmen. Dann hörte sie auf einmal auf zu atmen. Ihr kleiner Körper zuckte kurz in meinen Armen, und ich hatte Angst, dass sie Schmerzen haben und die Orientierung verlieren würde, aber sie lag ganz ruhig da.

Ich weckte meine Tochter und wir legten uns beide neben den leblosen Körper. Wir konnten uns nicht vorstellen, dass sie tot sein sollte, und versuchten Lebenszeichen zu erkennen. Wir dachten, wir hätten irgendetwas tun sollen, dann wäre sie vielleicht noch am Leben. Wir fühlten uns schuldig, waren wütend und schockiert und spürten eine innere Leere. Unser Leben würde nie mehr so werden, wie es war.

Die Liebe bleibt bestehen

Meine Tochter erzählte mir, eine ihrer Freundinnen glaube, dass jemand, den man liebt, ein Teil des eigenen Lebens und ein Teil des eigenen Herzens werde. Wenn diese Person dann stirbt, lebt dieses Stück des Herzens weiter. Weil wir diese Person gekannt haben, wird sich unser Leben für immer verändern. All diese Gedanken gingen uns durch den Kopf. Unsere Freundschaft zu Jemma war wie die Freundschaft zu einem Menschen, aber ihre Liebe war so beständig, so konstant und unkompliziert, dass sie mich durch fast zehn Jahre einer schwierigen Lebensphase hindurchtrug. Die Freundschaft zu ihr veränderte mein Leben zum Guten.

Ich wünschte, ich hätte gestern Abend ihr Bäuchlein noch etwas länger gekrault. Das mochte sie immer so gern. Sie legte sich dabei auf den Rücken, zog die Beinchen an und ließ sich ihren Bauch kraulen, solange meine Geduld reichte. Ich weiß, dass man immer den Eindruck hat, etwas versäumt zu haben, wenn man jemanden verliert, aber mein Schuldgefühl wegen der versäumten Zeit mit Jemma ist stärker, als man es normalerweise bei einem Todesfall hat.

Jetzt wird alles anders werden. Wenn ich nach Hause komme und die Haustür aufsperre, wird da niemand mehr sein, der seinen Kopf durch die Katzenklappe steckt, mit dem Schwanz wedelt und vor Freude darüber, dass ich wieder da bin, wie wild an mir hochspringt. Ihre Begrüßungszeremonie war mir immer eine Freude. Selbst wenn ich nur zum Briefkasten gegangen war, begrüßte sie mich, als wäre ich einen ganzen Monat weg gewesen.

Bedingungslose Liebe

Ich frage mich, wie ich wohl den Tod meines Ehemannes oder meiner Kinder ertragen könnte, wenn ich schon beim Tod meiner Hündin so stark empfinde. Vielleicht ist jeder Todesfall auf seine Art schwer zu ertragen, bringt seinen eigenen Schmerz mit sich und verletzt unterschiedliche Lebensbereiche. Es ist traurig für mich zu wissen, dass ich, wenn meine Mutter eines Tages sterben wird, wohl weniger Schmerz empfinden werde als nun beim Tod Jemmas. Jemmas Liebe und Hingabe durfte ich erleben. Meine Mutter lässt mich wenig Zuneigung spüren.

Ich wünschte, es wäre anders. Ich gehe davon aus, dass ich mich beim Tod meiner Mutter irgendwie schuldig fühlen werde; aber ich arbeite schon lange darauf hin, dass ich dann bei ihrem Tod nicht von Schuldgefühlen überwältigt werde, denn das stünde in keinem Bezug zur Realität. Ich glaube, ich werde mich auch erleichtert fühlen, wenn sie einmal tot ist.

Schon seit Stunden versuche ich, mit Jemmas Tod zurechtzukommen. Als ich meinem Ehemann meine Gefühle beschrieb, sagte er, dass dies seiner Meinung nach der Preis sei, den wir für die Liebe zu einem anderen zahlen müssten. Schmerz und Liebe verhalten sich direkt proportional zueinander, um einen Begriff aus der Mathematik zu gebrauchen. Je mehr man jemanden liebt, desto größer wird der Schmerz sein, wenn diese Person stirbt. Wenn ich also diesen Schmerz deshalb ertragen muss, weil ich Jemma geliebt habe, dann werde ich das tapfer für sie tun. Ich hätte sie auch nicht weniger geliebt, wenn ich gewusst hätte, wie groß der Schmerz sein würde.

Jemma gab mir das Gefühl, wertvoll zu sein. Ich war für sie wichtig. Was ich sagte und tat, war für sie von Bedeutung.

Die Menschen, mit denen wir unsere Zeit verbringen, haben Einfluss auf unser Leben. Es ist nicht gut für unser Selbstwertgefühl, wenn wir viel mit Leuten zu tun haben, die sich ständig beklagen. Sie ziehen uns mit nach unten. Besser ist es, wenn wir mit Menschen mit einer positiven Lebenseinstellung zusammen sind, die sich bemühen, ihr Leben und das Leben ihrer Mitmenschen mit Liebe zu erfüllen und Freude und Frieden zu schenken, gleichgültig, wie die äußeren Umstände sein mögen.

Wenn wir es schaffen, von Zeit zu Zeit hinter unserer Mauer hervorzukommen, dann müssen wir uns auch mit der Tatsache befassen, dass die Menschen, die wir lieben (und auch die, die wir hassen) sterben müssen. Wir werden also mit Schuld und vielen anderen überwältigenden Gefühlen konfrontiert werden.

Ich bin so dankbar für diese Zeit mit Jemma. Während dieser Zeit gab es Phasen, in denen es mir sehr schlecht ging und mir das Leben wie ein unüberwindbarer Berg erschien. Jemma half mir über einige meiner Probleme hinweg. Ich werde nie vergessen, wie bedingungslos sie mich liebte und wie sie mit ihrem ganzen kleinen Körper Glück und Wohlbehagen zum Ausdruck bringen konnte; auch ihre großartige Gabe, einfach unbekümmert albern zu sein, wird mir immer in Erinnerung bleiben.

Zum Nachdenken

– Wir können unser Selbstwertgefühl stärken, wenn wir unsere Zeit mit Menschen verbringen, die eine positive Lebenseinstellung haben.
– Wir können lernen, andere zu lieben, wenn auch wir selbst jemanden haben, der uns bedingungslos liebt.

Praktische Tipps

Was erwarten wir vom Leben? Viele Menschen scheinen ...
   – dort zu wohnen, wo sie eigentlich nicht wohnen wollen;
   – ihr Leben in einer Weise zu leben, die sie nicht wirklich befriedigt;
   – eine Arbeitsstelle zu haben, die sie eigentlich nicht haben möchten. (Ich will nicht sagen, dass Sie, wenn Sie lieber künstlerisch tätig sein möchten, Ihre Arbeitsstelle kündigen sollen. Jeder ist auf seinen Verdienst angewiesen, und wenn Sie gerne Schauspieler oder etwas anderes sein möchten,

dann üben Sie dies als Hobby aus, aber betrachten Sie Ihren »Brotberuf« als wichtigen Teil Ihres Lebens, der Ihnen finanzielle Unabhängigkeit verschafft.)

Wenn man sich verändern möchte, dann muss man sich im Klaren sein, dass es Dinge gibt, die wir nicht ändern können, aber auch Dinge, die wir ändern können, wenn wir es wirklich wollen.

1. Schreiben Sie auf, was Sie von Ihrem Leben erwarten. Notieren Sie sich Dinge, die Ihnen ganz spontan einfallen, und fügen Sie dann an den folgenden Tagen immer mehr Dinge hinzu.

2. Überlegen Sie sich, was Sie ändern müssten, damit Sie Ihr Leben so leben können, wie es Ihren Wünschen entspricht.

3. Fangen Sie mit scheinbar kleinen Dingen an – man kann es wirklich schaffen, diese Dinge zu ändern. Jeder kann die Entscheidung treffen, verschiedene Dinge im Leben zu ändern. Vielleicht könnten Sie beispielsweise folgende Dinge verwirklichen:
   – Sehen Sie weniger fern und suchen Sie sich stattdessen ein Hobby oder besuchen Sie einen Volkshochschulkurs.
   – Machen Sie morgens vor dem Frühstück einen Spaziergang.
   – Sprechen Sie mit jemandem über das, was Sie an Ihrem Alltag ändern möchten.

4. Haben Sie auch vor den großen Veränderungen keine Angst! Wenn Sie von der Stadt aufs Land ziehen wollen, oder was Sie sich auch immer wünschen, dann wird es nie so weit kommen, wenn Sie es nicht in Angriff nehmen. Ich empfehle Ihnen sehr, dass Sie Ihre Arbeitsstelle kündigen, wenn sie zu stressig für Sie ist. Natürlich müssen Sie sich überlegen, ob das finanziell für Sie zu verkraften ist, aber die Befreiung, die solch ein Schritt mit sich bringt, ist eines der schönsten Gefühle, die ich kenne.

22. Vergeben heißt Loslassen

Hass mit sich herumzutragen ist eine Last. Derjenige, den man hasst, weiß vermutlich gar nichts davon. Als ich [meinem japanischen Gefängniswärter] vergeben hatte, war ich meine Last los und ich fühlte mich sehr erleichtert. Wenn wir unseren Hass nicht loslassen, zerstören wir uns selbst. Wir können erst dann weitergehen, wenn wir ihn wirklich abgegeben haben.

Ein amerikanischer Soldat über seine Erfahrungen
in einem japanischen Gefängnis

Wenn wir ein geringes Selbstwertgefühl haben, weil uns irgendjemand etwas angetan hat, dann ist meist Vergebung nötig, damit wir nicht bitter werden. Bitterkeit und Wut sind Zeichen der Hilflosigkeit und können die Person, die sie in sich trägt, zerstören. Aus meiner Erfahrung weiß ich, wie Bitterkeit selbst die nettesten Menschen vergiften kann, so dass sie sich von einer Quelle der Liebe und des positiven Einflusses auf ihre Mitmenschen in eine Quelle der Unzufriedenheit und des Schmerzes verwandeln.

Unser Wunsch nach Gerechtigkeit

Es gibt niemanden, der nicht in der Gefahr steht, bitter zu werden. Sobald wir der Meinung sind, etwas, das uns angetan wurde, hätte nicht geschehen dürfen, wollen wir einen Ausgleich. Jemand hat uns Unrecht getan und schuldet uns deshalb etwas. Wir wollen Gerechtigkeit, und Rache scheint eine gute Möglichkeit zu sein. Oder wir ziehen uns für einige Zeit von dieser Person zurück – vielleicht sogar für immer.

Wir sind zu Recht verärgert, aber wir sind nicht immer in der Lage, demjenigen zu sagen, dass er etwas falsch gemacht und uns verärgert hat.

– Wir sind vielleicht nicht selbstsicher genug.

– Wir wissen vielleicht, dass es nur noch mehr Durcheinander und verletzte Gefühle zur Folge hätte, wenn wir die Sache ansprächen.
– Vielleicht ist die betreffende Person bereits gestorben.
– Vielleicht ist es nicht ein Mensch, der uns Unrecht getan hat, sondern eine Institution – das Gesundheitssystem oder das Sozialamt, von dem wir erwartet hatten, dass es eine Wohnung für uns fände, oder die Firma, die uns entlassen hat.

Oft steht es nicht in unserer Macht, uns Gerechtigkeit zu verschaffen.

Ich habe festgestellt, dass Menschen, die im Fernsehen von ihren traumatischen Erlebnissen berichten, Gerechtigkeit (für manche auch gleichzusetzen mit Rache) für den Verlust des geliebten Menschen fordern. Wenn ein Flugzeug abstürzt oder ein kleines Schiff von einem größeren gerammt oder irgendein Idiot betrunken am Steuer erwischt wird, dann ist es völlig berechtigt, dass wir Gerechtigkeit verlangen. Aber wenn bei einer Untersuchung nicht das erwartete Ergebnis herauskommt oder wenn die Regierung die Untersuchung nicht durchführen möchte oder wenn sich die Polizisten wie Trottel benehmen, dann fühlen wir uns nicht nur betrogen, wir denken auch, wir schulden es dem Verstorbenen, für Gerechtigkeit zu kämpfen (auch wenn wir darunter vielleicht Rache verstehen), so dass sich das Geschehene nicht wiederholen kann.

Der Bitterkeit Einhalt gebieten

Was ich bisher gesagt habe, klingt alles noch ziemlich rational. Aber im Fernsehen oder in unserem Bekanntenkreis sehen und erleben wir immer wieder, wie Menschen für ihre Auffassung von Gerechtigkeit kämpfen und dabei innerlich immer verbitterter werden. Es ist ganz offensichtlich, wie unfähig und unwillig diese Menschen sind, loszulassen. Die Bitterkeit gewinnt immer mehr Raum in ihrem Leben, und sie sind von ihren Rachegedanken wie besessen.

Wenn mein Kind bei einem Autounfall aufgrund von Fahrlässigkeit ums Leben käme, würde ich auch für Gerechtigkeit plädieren. Ich würde nicht wollen, dass noch einmal jemand solches Leid ertragen muss. Ein Kind zu verlieren ist für mich das Schlimmste, was ich mir vorstellen kann.

Für die Gerechtigkeit kämpfen

Ich würde alles für mein Kind tun, damit ihm Gerechtigkeit widerfährt. Aber wenn ich beobachte, wie verkrampft und fast schon fanatisch manche Menschen für das kämpfen, was in ihren Augen gerecht ist, dann frage ich mich, ob es da nicht einen besseren Weg gäbe.

Schuld muss natürlich gerecht bestraft werden. Dafür zu kämpfen, dass ein schreckliches Ereignis nicht noch einmal geschieht, ist völlig richtig. Aber ich glaube, dass man dabei auch noch auf etwas anderes achten muss – nämlich auf unser geistiges und geistliches Wohlbefinden (und das unserer Mitmenschen). Ich glaube, dass wir manche Dinge einfach stehen lassen müssen; dass wir manchmal aufhören müssen, Gerechtigkeit zu fordern und nach Vergeltung zu schreien.

Vergeben und vergessen?

Ich werde Ihnen nicht raten, zu vergeben und zu vergessen. Ich glaube, dass so etwas nicht funktioniert. Der Ehemann meiner Freundin verließ sie nach 30 Jahren Ehe, weil er sich in eine andere verliebt hatte. Sie wird das wohl genauso wenig jemals vergessen können wie ihre Kinder. Aber sie schrieb mir nur wenige Wochen nach seinem Auszug einen Brief, in dem ich erkennen konnte, dass der Vergebungsprozess in ihr bereits eingesetzt hatte. Vergessen wird sie das alles nie können – niemals. Aber sie ist bereits auf dem besten Wege ...
 – ihm zu vergeben,
 – einen Neuanfang zu wagen,
 – darüber hinwegzukommen,
 – zu lernen, dass ihr Leben weitergehen muss, auch wenn sie sich tief verletzt fühlt und manchmal fast an ihrer Last zerbricht.
Sie und ihre Kinder lassen es nicht zu, dass sich ihre schrecklichen Verletzungen in Bitterkeit verwandeln. Sie kann sogar an manchen Punkten erkennen, dass aus dieser schlimmen Situation Gutes ent-

stand. Es ist absolut bewundernswert, wenn jemand nach so kurzer Zeit schon dazu in der Lage ist.

Manche Menschen geben uns den Rat, zu vergeben und zu vergessen. Aber wenn uns schlimmes Unrecht angetan wurde oder schreckliche Dinge geschehen sind, dann werden wir die Erfahrung machen, dass man nicht vergessen kann!

Vielleicht haben wir auch schon gehört, dass Gott uns erst dann vergeben kann, wenn wir vergessen haben. Das ist kompletter Unsinn!

Es ist von entscheidender Bedeutung für unser zukünftiges Wohlergehen, dass wir akzeptieren, dass es Dinge gibt, die wir nicht vergessen können – *und das ist völlig in Ordnung so!*

Loslassen

Der beste Weg, wie wir Menschen mit Beleidigungen, Grausamkeiten oder auch nur mit Spott umgehen können, ist, dass wir uns vornehmen, diese Dinge loszulassen – dass wir über sie hinwegkommen, um ein Leben ohne Bitterkeit leben zu können. Man kann das auch Vergeben nennen.

Man kann vergeben, auch wenn man nicht vergessen hat. Das ist realistisch.

Man kann schließlich sogar so stark werden, dass man der Person, die einem das Unrecht angetan hat, eine gute Zukunft wünscht. Aber es kann unter Umständen sehr lange dauern, bis man so weit ist, und das ist auch in Ordnung so.

Vergeben ist nicht leicht. Ich selbst bin eigentlich auch nicht gerade gut darin! Ich weiß nicht, ob man es spürt, wenn man vergeben hat. Oder weiß man nur in seinem Kopf, dass man loslassen und vergeben will? Oder ist es eine Mischung aus beidem? Ich weiß es nicht.

Ich weiß allerdings, dass ich eher mir als dem Übeltäter etwas Gutes tue, wenn ich bereit bin zu vergeben. Wenn ich angestauten Hass und Bitterkeit nicht loslasse, dann zerstört mich das innerlich. Wenn ich aber loslasse, dann kann ich neu beginnen und verliere allmählich meine Wut.

Sich selbst vergeben

Von grundlegender Bedeutung ist die Frage, ob wir uns selbst vergeben können. Oder bestehen wir darauf, uns selber fertig zu machen?

Als ich letzte Woche die Entwürfe für die Illustrationen zu einem Buch durchgearbeitet hatte, entschuldigte ich mich bei der Lektorin, dass ich dem Zeichner wohl irgendetwas falsch erklärt haben musste. »Sei doch nicht so unbarmherzig mit dir selbst, Sue«, sagte sie, »deine Erklärung war völlig in Ordnung, du brauchst dich nicht zu entschuldigen. Du bist viel zu streng zu dir selbst.«

Sie hatte Recht. Ich muss nicht für alles, was nicht auf Anhieb perfekt ist, die Schuld bei mir selbst suchen.

- Wir können so sehr damit beschäftigt sein, uns selber fertig zu machen, dass wir ganz vergessen, dass auch wir Anerkennung und Vergebung brauchen.
- Sich selbst zu vergeben ist ein schwerer, aber notwendiger Prozess.
- Wir müssen uns eingestehen, dass auch wir manchmal Fehler machen.
- Wenn wir lernen, diese Dinge loszulassen, können wir uns so akzeptieren, wie wir sind. Manchmal schwach und zerbrechlich – aber was auch immer es ist, wofür wir in unseren Augen Vergebung brauchen, wir können darüber hinwegkommen.
- Wir müssen uns nicht dafür schämen, wer wir *sind,* nur weil wir irgendetwas *getan* haben. Das eine hat nichts mit dem anderen zu tun – wir müssen uns das immer und immer wieder klarmachen. Es ist schwer zu begreifen, wenn wir unser Leben lang unter Schuld und Scham gelitten haben und diese beiden Gefühle bei uns immer Hand in Hand gingen.

Zum Nachdenken

- Vergebung kann sehr befreiend sein.
- Vergebung ist der sicherste Weg aus der Bitterkeit.

Praktische Tipps

Vergebung impliziert eine komplexe Mischung von Gedanken, Gefühlen und Handlungen. Manchmal muss sie hart erarbeitet werden. Es kann sein, dass man Jahre braucht, bis man bereit ist zu vergeben, denn es handelt sich dabei eher um einen langwierigen Prozess als um einen Entschluss, der sich an einem einzigen Tag in die Tat umsetzen lässt.

1. Finden Sie heraus, wer Ihnen das Unrecht zugefügt hat und was der Betreffende getan hat. Das kann sehr schwierig sein, wenn es sich um etwas aus der frühen Kindheit handelt und wenn Sie nicht mehr genau wissen, was damals wirklich geschah. Kindesmissbrauch gehört in diesen Bereich.

2. Dann können Sie darüber nachdenken, welche Auswirkung es auf Sie selbst hatte. Viele, mit denen ich sprach, waren wütend auf Menschen und Institutionen, die ihr Leben »ruiniert« hatten. Wir neigen dazu, unsere Wut zu leugnen; wenn wir sie jedoch zugeben, kann das sehr beängstigend sein. Sie sollten mit jemandem über Ihre Gefühle sprechen. Vielleicht ist der Besuch einer Selbsthilfegruppe eine gute Möglichkeit, dieses »Loslassen« zu lernen.

Wenn Sie wirklich Probleme haben, jemandem zu vergeben, dann könnte Ihnen das Buch *Vergeben und Vergessen* von Lewis Smedes vielleicht weiterhelfen. Für mich war es sehr wichtig, dieses Buch durchzuarbeiten; ich konnte von Lewis Smedes viel lernen.

23. Lachen ist gesund

Wenn wir lachen, erfahren wir, was es heißt, mit anderen verbunden, vereint und in eine Gruppe integriert zu sein – da gibt es keine Grenzen, keine Falschheit. Lachen ist herzerfrischend. Robert Holden in *Laughter: The Best Medicine*

Wie schlecht es mir auch gehen mag, ich kann fast immer eine lustige Seite an den Dingen entdecken. Einige Leute denken, dass ich nicht deprimiert sein kann, wenn ich dazu imstande bin, zu lachen und Witze zu machen. Aber natürlich verliert man, wenn man in eine Depression fällt, nicht automatisch seinen Sinn für Humor.

Als ich zum ersten Mal darüber nachdachte, wurde mir klar, dass Humor eine gute Möglichkeit sein könnte, eine Depression oder ein geringes Selbstwertgefühl zu besiegen. Die Erfahrung scheint dies zu bestätigen. In einem Buch las ich, dass Lachen entspannt, und das stimmt wirklich.

Wenn ich in einer Depression stecke, fällt es mir oft schon schwer, auch nur die Treppe hinunterzugehen, mir eine Tasse Tee zu kochen und den Fernseher anzuschalten. (Wenn ich eine Depression durchmache, kann ich meist nichts lesen, so dass ich mir eher mal an guten Tagen ein Buch von Bill Bryson vornehme – eine tolle Möglichkeit, wirklich herzhaft zu lachen.)

Ich schaue mir dann eins meiner Lieblingsvideos an und mache dabei meist die Erfahrung, dass schon das mich auf andere Gedanken bringt. Ich sehe mir *Independence Day* an und lasse mich in eine Fantasiewelt versetzen, oder ich sehe, wie Bruce Willis oder Harrison Ford die Welt retten. Danach fällt es mir leichter, wieder hinter meiner Mauer hervorzukommen und den Alltag zu bewältigen.

Lachen

Wenn ich mir Komikfilme anschaue, dann habe ich den Eindruck, dass die Welt in Ordnung ist, vorausgesetzt, ich denke nicht zu viel darüber nach. Es ist nicht falsch, manchmal in eine Fantasiewelt zu flüchten, denn es kann einen davor bewahren, zu intensiv über die Realität nachzugrübeln.

Als mir meine Tochter letzte Woche zu Weihnachten die komplette *Fawlty-Towers*-Videoserie schenkte, fühlte ich mich zutiefst verstanden. Allein das Wissen, dass meine Tochter versteht, welchen Stellenwert das Lachen in meinem Leben hat, hat mich schon gefreut.

Wenn ich lache, geht es mir besser. So einfach ist das. Wenn ich sehe, wie Basil Gott die Faust zeigt, wie er einen Fehler nach dem anderen macht, wie er sich immer tiefer in seinen Lügen verstrickt, dann fällt es mir irgendwie leichter, daran zu glauben, dass das Leben weitergeht.

John Cleese (als Basil) ist so lustig, weil er sich so unglaublich dumm anstellt, wenn er vor einem Problem steht. Es ist so entsetzlich, ihm zusehen zu müssen, aber gerade das ist das Wunderbare daran. Selbst wenn ich alles, was ich tue, falsch mache, Basil macht noch mehr Fehler. Ich finde, es kann ein sehr befreiendes Gefühl sein, über die Dummheiten eines Filmcharakters den Kopf zu schütteln und von Herzen darüber zu lachen.

Das Leben ist so komplex und verwirrend, dass es hilft, einfach mal darüber zu lachen.

Flucht vor der Wirklichkeit

Ich vermute, dass manche von Ihnen jetzt sagen, dies alles sei doch Flucht vor der Wirklichkeit. Ja, das stimmt. Genau das ist es. Es ist doch wunderbar, dass man mal eine Zeit lang aus der Realität in eine andere Welt flüchten kann, die viel weniger anstrengend ist.

Wirklich komische Szenen sind oft gerade deshalb so amüsant, weil wir uns mit dem Peinlichen, das jemand erlebt, identifizieren können und es gleichzeitig so übertrieben dargestellt wird, dass wir einfach nur darüber lachen können. Seine eigene Verletzlichkeit zu erkennen und mit ihr leben zu lernen, ist wohl eine der wichtigsten Fähigkeiten des Menschen. Wie viele andere könnte ich in den Erdboden versinken, wenn jemand *über mich* lacht, aber wenn jemand *mit mir* lacht, dann ist das etwas völlig anderes. Es macht das Leben auf der anderen Seite der Mauer ein bisschen weniger beängstigend.

Zum Nachdenken

– Lachen Sie viel.
– Lächeln Sie viel, auch wenn Sie allein sind.

Praktische Tipps

1. Überlegen Sie sich, wie Sie sich so richtig amüsieren können. Vielleicht, wenn Sie mit Freunden ausgehen, oder wenn Sie eine lustige Sendung im Radio hören oder im Fernsehen sehen, oder wenn Sie ein spezielles Buch lesen. Beginnen Sie Ihre Sätze mit: »Ich lache, wenn ...«

2. Überlegen Sie sich, was Sie tun können, um diese Dinge parat zu haben, wenn es Ihnen wirklich schlecht geht. Sie können zum Beispiel verschiedene Dinge in einer Schachtel sammeln (siehe 17. Kapitel), oder Sie können sich eine Reihe lustiger Bücher oder Videos zusammenstellen oder ein Treffen mit einem Freund vereinbaren, der Sie leicht zum Lachen bringt.

24. Selbstmitleid

Wer an seine Fähigkeiten glaubt, ist zu allem fähig.   Vergil

Selbstmitleid ist ungefähr genauso attraktiv wie dieser fürchterlich stinkende Dreck, mit dem sich meine Hündin Jemma immer schmutzig machte, wenn sie durch einen Sumpf rannte. Ich kenne Menschen, die sich selbst bemitleiden. Ich bemitleide mich auch selbst. Aber das ist etwas Scheußliches, das wie ein übler Geruch an uns hängt. Wenn wir auf der anderen Seite der Mauer leben wollen, dann müssen wir dieses Selbstmitleid loswerden, sonst werden unsere Mitmenschen nicht gern mit uns zusammen sein.

Natürlich sollen wir trotzdem realistisch bleiben. Wir müssen fähig sein, auf unsere Vergangenheit zurückzublicken und die schrecklichen Dinge, die wir durchmachen mussten, als »Hölle« zu bezeichnen. Wenn wir uns hinter unserer Mauer verschanzen wollen, dann sagen wir vielleicht: »Es ist schon in Ordnung, wie es war, und ich bin deswegen auch nicht wütend oder verletzt.« (Psychologen nennen das Selbstverleugnung.)

Wir brauchen unsere Vergangenheit nicht zu beschönigen. Das ist für unsere geistige Gesundheit sehr wichtig. Aber es ist ebenso wichtig, nicht in Selbstmitleid zu versinken. Sonst kann es zu einem stinkenden Sumpf werden, der seinen Geruch auf uns überträgt, der uns nach unten zieht und in dem wir schlimmstenfalls sogar ertrinken.

Den Schmerz über das Erlebte zulassen

Ich sitze gerade am Schreibtisch, meine Aufzeichnungen für dieses Kapitel liegen neben mir und ich tippe munter drauflos mit meinem Teddybär auf meinem Schoß und meiner allmorgendlichen Tasse Tee neben mir. Trotzdem macht sich ein ungutes Gefühl in mir breit. Ich sitze hier und erzähle Ihnen, dass man ganz ehrlich sein und die Gefühle über das Schreckliche, das in unserer Vergangenheit passierte, zulassen soll. Aber ich schaffe das ja selbst nicht. In meiner

Therapie mit Ruth ist das einer der wichtigsten Punkte, und wenn ich das nächste Mal zu ihr gehe, wird sich unser Gespräch mit Sicherheit vor allem darum drehen, warum ich meine innersten Gefühle nicht zulasse.

Ich fühle mich also wie eine Betrügerin, weil ich Ihnen zu erklären versuche, dass man seine Gefühle über die Vergangenheit zulassen muss, und dabei selbst nicht in der Lage bin, das zu tun. (Oh! Das war wohl wieder eine dieser »alten Kassetten«.)

Jeder Mensch empfindet anders

Es kommt nicht nur darauf an, was uns angetan wurde, sondern vor allem darauf, wie wir das, was uns angetan wurde, deuten und welche Auswirkungen es auf unser Leben hatte.

Manche Menschen haben nicht nur ein geringes Selbstwertgefühl, weil sie etwas Schlimmes durchmachen mussten, sondern weil sie das Erlebte verharmlosen und herunterspielen und sich dadurch noch viel schlechter fühlen. Weil sie sich einreden, es gebe eigentlich keinen Grund, sich schlecht zu fühlen, geht es ihnen noch viel schlechter.

Man kann nicht sagen, dies oder jenes sei schlimmer. Es hängt ganz davon ab, wie wir es damals empfanden und welche Auswirkung es bis heute auf uns hat. Viele von uns, die als Kind missbraucht wurden, fühlen sich heute noch genauso verletzt wie damals. Am liebsten würden wir uns immer noch mit unserem Teddybär und unserer Schmusedecke in eine Ecke verziehen.

Wenn wir unseren Schmerz verdrängen, dann wird er sich in ein körperliches Symptom, in Wut oder etwas vergleichbar Zerstörerisches verwandeln. Wenn wir unseren Schmerz aber zulassen, dann wird er mit voller Kraft zu spüren sein; wir wissen jedoch, dass wir nur so darüber hinwegkommen und daraus lernen können – wenn wir uns darum bemühen.

Susan Jeffers

Ich könnte auch sagen, dass die Beleidigungen, die ich als Kind erfahren musste, nicht so schlimm waren. Aber sie haben mein Leben so sehr beeinflusst, dass ich einfach zugeben muss, wie schlimm sie für mich waren. Als Kind wurde mir immer gesagt, dass Beleidigungen nicht so schlimm seien, da sie ja schließlich nicht wehtäten. Was für ein Unsinn! Die Dinge, die meine Mutter, mein Stiefvater und meine Brüder zu mir sagten, verletzten mich tief.

Das Leben von Stan, der mir in einem Brief von seinem mangelnden Selbstbewusstsein schrieb, wurde von seinen Lehrern ruiniert, weil sie nicht erkannten, was sein wirkliches Problem war – nämlich die Legasthenie. So erhielt er nicht die Hilfe, die er gebraucht hätte, und die Konsequenz daraus war, dass er schlechte Noten bekam. Hier hat niemand ein Verbrechen begangen. Aber dadurch, dass sich niemand wirklich um ihn kümmerte, verlor sein Leben an Qualität, und es ist sehr schwer, dies wieder gutzumachen.

Aber gleichgültig, wie schlimm die Dinge waren, die uns angetan wurden, Selbstmitleid bringt uns auf keinen Fall weiter. Es bedeutet, an der Opferrolle festzuhalten. Auch wenn wir als wehrlose Kinder zu Opfern wurden – wir müssen aufhören, uns weiterhin wie Opfer zu verhalten.

Wir müssen einen Weg finden, das Selbstmitleid abzuschütteln, weil es uns nur noch weiter hinunterzieht, so dass niemand gern mit uns zusammen sein möchte. Und dies würde wiederum dazu führen, dass wir verstärkt das Gefühl haben, uns wieder hinter unserer Mauer verstecken zu müssen.

Zum Nachdenken

- Ermuntern Sie sich immer wieder, dass Sie fähig sind, sich zu verändern.
- Selbstmitleid abzulegen kann ein erster Schritt in ein neues und besseres Leben sein.
- Statt sich als Opfer zu betrachten, sagen Sie sich lieber: »Ich habe diese schrecklichen Dinge überlebt, und dadurch bin ich stärker geworden!«

Praktische Tipps

1. Schreiben Sie in Ihrem Tagebuch Ihre negativen Erlebnisse auf. Denken Sie dabei auch an die »Kleinigkeiten«. Sie könnten ebenfalls von großer Bedeutung sein.

2. Während Sie all diese schrecklichen Erfahrungen aufschreiben und darüber nachdenken, halten Sie sich vor Augen, dass Sie sie jetzt in Ihrem Tagebuch festgehalten haben und dass Sie dadurch eine gewisse Distanz zu ihnen aufgebaut haben. Diese Erlebnisse müssen nicht zu Selbstmitleid führen.

3. Machen Sie sich ein Plakat, auf das Sie den Satz schreiben: »Ich habe es überstanden und das hat mich stark gemacht!« Hängen Sie es an die Wand und freuen Sie sich, dass Sie diese innere Stärke entwickeln konnten.

25. Der Umgang mit der Realität

Wenn man nicht an einen Schöpfer glaubt, dann muss man an enorm viele unwahrscheinliche Zufälle glauben, durch die das Leben entstanden sein soll.   Russell Stannard

Vieles auf unserem wunderbaren kleinen Planeten Erde hat zwei Seiten. Manches ist sowohl gut als auch schlecht, manchmal liegen Freude und Schmerz ganz nah beieinander. Leben und Tod gehören zusammen – auch ein Same muss erst ersterben, bevor eine Pflanze daraus entstehen kann. Wahrscheinlich ist es diese Zweiseitigkeit, die uns das Leben manchmal so schwer macht, es aber andererseits auch bereichert und interessant macht.

Menschen, die es im Leben schwer hatten, die mit sehr schwierigen Umständen zu kämpfen hatten oder eine große Enttäuschung bewältigen mussten, werden dadurch häufig sensibler und fürsorglicher. Aus dem Schlechten konnte also Gutes entstehen. So ist es eben auf dieser Welt.

Leben und Tod

Die Menschen in Indien und Bangladesch zum Beispiel warten immer sehnsüchtig auf den gewaltigen Monsunregen, der die Trockenmonate beendet. Wenn der Regen dann fällt, feiern sie Feste, weil der Regen für sie ein Symbol des Lebens und des Wachstums ist und ihnen eine gute Reisernte garantiert.

Aber es kommt oft vor, dass Menschen in den Regengüssen, die reißende Flüsse entstehen lassen, sterben. Der Monsun bringt also beides, Leben und Tod.

Unser Menschsein hängt unausweichlich sowohl mit dem Leben als auch mit dem Tod zusammen, mit dem Guten und dem Schlechten, mit unserem Wunsch, das Leben auf der anderen Seite unserer Mauer zu meistern, und gleichzeitig mit der Sehnsucht, sich wieder hinter der Mauer verstecken zu können.

Die Rätsel dieser Welt verstehen lernen

Um auf der anderen Seite der Mauer überleben zu können, sollten wir einige dieser Rätsel verstehen lernen und akzeptieren, dass manches anders ist, als es auf den ersten Blick erscheint.

Eines der wichtigsten Dinge, die ich in meiner Therapie lerne, ist, dass sowohl Menschen als auch die meisten Alltagssituationen gute und schlechte Seiten haben. Es fällt mir sehr schwer, das zu glauben, und oft falle ich auch in meine »sichere« Haltung zurück, die ich mir schon als Kind aneignete – nämlich, dass alle Probleme dieser Welt, alle Kriege, Überschwemmungen, Erdbeben, Hungersnöte und überhaupt alles meine Schuld ist. (Das kommt Ihnen vielleicht merkwürdig vor, aber diese Art der Paranoia stellte ich schon des Öfteren bei Menschen mit einem geringen Selbstwertgefühl fest.)

Vielleicht gehört es zu unserer Überlebensstrategie auf der anderen Seite der Mauer, zu akzeptieren, dass die Welt voller Rätsel und Geheimnisse ist.

Sich nicht als Opfer fühlen

Eine mögliche Reaktion auf den Schmerz, der uns zugefügt wurde, ist, den anderen die Schuld dafür zu geben und selbst keine Verantwortung auf sich zu nehmen. Schmerz und Leid gibt es im Leben vieler Menschen, und oft gibt es keinen Schuldigen. (Manchmal jedoch schon – einen betrunkenen Autofahrer oder selbstsüchtige Eltern, die ihre Kinder für ihre Zwecke missbrauchen, auch wenn sie oft nur das wiederholen, was sie selbst als Kinder durchmachen mussten.)

Wenn wir in die Opferrolle flüchten und anderen die Schuld zuschreiben, dann werden wir sehr unangenehme Zeitgenossen für unsere Mitmenschen werden. Es ist dann wieder so wie mit dem stinkenden Dreck, der an uns haftet und durch den wir abstoßend wirken.

Hören Sie auf mit Schuldzuweisungen!

Wenn wir aufhören, uns selbst für alles die Schuld zu geben, dann sind wir auch in der Lage, einen Durchgang in unsere Mauer zu brechen.

Dann werden wir fähig, das Schuldgefühl, das uns in unserer Kindheit vermittelt wurde, von der Traurigkeit zu unterscheiden, die eine Konsequenz aus der Erkenntnis der Unzulänglichkeit des Menschen ist.

Wir müssen nur die Nachrichten sehen, um festzustellen, dass die Menschen ständig von Trauer und Schmerzen heimgesucht werden, die ihnen oft genug von ihren Mitmenschen zugefügt werden.

Diese Wahrheit springt uns schon von den Schlagzeilen der Zeitungen ins Auge. Der Mensch hat viel Bitterkeit, Sünde, Gemeinheit und »Böses« in sich. Das Böse – was für ein schreckliches Wort. Ich könnte bei diesem Wort erschaudern. Ich muss dabei an Hexenzirkel, Monster und Geister, Horrorfilme und Morde in der Dusche denken.

Da ist es schon angenehmer, die Schlechtigkeit des Menschen als allgemein gültiges Gesetz zu betrachten, als sich vorzustellen, dass alles Schlechte in dieser Welt teilweise von mir selbst kommt.

Ich finde Kriege fürchterlich und distanziere mich von Morden, Vergewaltigungen und Diebstählen. Ich empfinde sogar Mitleid für Menschen, die nach einer schlimmen Kindheit in die Kriminalität abrutschen, und danke dann Gott in Gedanken dafür, dass *ich* nicht so bin – genau wie der Pharisäer im Gleichnis.

Ich muss erkennen, dass jeder Mensch Fehler macht. Jeder Mensch steht in der Gefahr, selbstsüchtig zu werden und so weiter und so fort.

Zum Beispiel bin ich, wenn meine Familie aufsteht, oft zu beschäftigt, um auf ihre Bedürfnisse einzugehen und den Kindern zuzuhören, und ich tue nur das, was *ich* möchte, statt darauf zu achten, was für die Familie gut wäre. Wenn wir ehrlich sind, dann müssen wir zugeben, dass Geiz, Falschheit und Egoismus in jedem von uns stecken. Es passiert so leicht, dass wir uns selbst an die erste Stelle setzen.

Aber wir dürfen uns nicht immer wieder selbst fertig machen wegen der Dinge, die wir nicht hätten tun dürfen. Oft taten wir das, was uns zu diesem Zeitpunkt eben möglich war. Jetzt gehört das der Vergangenheit an. Hören Sie auf, sich deshalb immer noch schuldig zu fühlen. Wie sagt man doch so schön: »Heute ist der erste Tag vom Rest des Lebens.« Jeder neue Tag ist eine Chance, etwas Gutes und Schönes zu tun – das geht aber nur, wenn wir die Schuldfrage beiseite lassen!

Die Schuldfrage ungeklärt lassen

Die Überzeugung von unserer eigenen Schlechtigkeit kann einer der Gründe sein, die uns davon abhalten, ein Loch in unsere Mauer zu brechen. Wir schämen uns dann so sehr, dass wir uns wieder hinter unsere Mauer verkriechen.

Aber wir brauchen uns nicht hinter unserer Mauer zu verstecken, um die Welt vor uns zu schützen – oder welche Gründe wir auch immer finden, um keine Öffnung in unsere Mauer zu brechen. Jeder Mensch ist wertvoll, und wenn wir die Schuldfrage einfach ungeklärt lassen, dann sind wir vielleicht sogar bereit, aus dieser Öffnung eine Tür zu machen, durch die wir hinein- und hinausgehen können, so oft wir wollen.

Wenn wir uns selbst die Schuld geben und uns dann auch noch dafür schämen, werden wir nie aus unserem Turm herauskommen können. Wenn wir jedoch diese beiden Gefühle nicht mehr an uns heranlassen, dann können wir diese Tür in unsere Mauer einbauen und unser Leben wieder in den Griff bekommen, und dann werden wir auch öfter ein Lächeln über die Lippen bringen.

Zum Nachdenken

- Wir haben die Freiheit, Entscheidungen zu treffen.
- Wir brauchen nicht in die Opferrolle zu schlüpfen.

Praktische Tipps

Ebenso, wie man ein Video anhalten kann, um ein Bild genauer zu betrachten, können wir lernen innezuhalten, statt in einer Krisensituation auszurasten.

Wenn wir wütend sind oder nur noch schwarzsehen oder ähnliches, dann können wir uns dafür entscheiden, diesen negativen und chaotischen Vorstellungen nicht nachzugeben und unseren Unmut nicht an unseren Mitmenschen auszulassen.

1. Halten Sie inne.

2. Sagen Sie sich, dass Sie diesen negativen Unsinn nicht zu tun brauchen.

3. Überlegen Sie sich dann, was Ihr dringendstes Bedürfnis ist. (Das könnte zum Beispiel jemand sein, der Ihnen zuhört, eine Tasse Tee, eine Umarmung, ein Stückchen Schokolade, ein stilles Stündchen mit Ihrem Teddybär und all den schönen und aufmunternden Dingen, die Sie in Ihrer besonderen Schachtel aufbewahren.) Erfüllen Sie sich dieses Bedürfnis und warten Sie ab, bis Sie wieder das Gefühl haben, das Leben bewältigen zu können – auch wenn es eine Weile dauert, bis sich dieses Gefühl einstellt.

4. Wenn jemand in Ihrer Nähe ist, dann sagen Sie ihm *ruhig*, was Sie möchten. (Das muss ich auch erst noch lernen!)

Sechster Teil

Das Leben auf der anderen Seite der Mauer

26. Gesunde Beziehungen

Es ist nicht gesund, von seinen Mitmenschen isoliert und ab-
getrennt zu leben. Gesundheit ist Ganzheitlichkeit, und Ganz-
heitlichkeit impliziert Verbindung – mit der Familie, den
Freunden, dem Stamm, der Nation, der Menschheit, der gan-
zen Welt und mit einem höheren Wesen, das man als Schöpfer
des Universums begreift. Andrew Weil

In diesem Kapitel soll es darum gehen, wie wir eine Tür in unsere
Mauer einbauen können, so dass wir problemlos ein- und ausgehen
und auch anderen in unserem Leben Raum geben können, wenn wir
es wollen.

Wir stehen in Beziehung mit anderen Menschen und (vorausgesetzt, wir sind kein Eremit) wir gehören alle zu Gruppen und Gemeinschaften. Manche Gruppen haben auf uns eine destruktive Wir-
kung und nutzen uns aus, aber andere regen uns zu heilsamer Kreativität an.

Wenn eine Tür in unserer Mauer ist, können wir immer hinter unserer Mauer verschwinden, um Geborgenheit und Schutz zu erfahren, was für unser inneres Wachstum sehr wichtig ist.

Wenn wir in unsere Mauer ein kleines Loch brechen, das wir
dann zu einer Tür vergrößern, dann können wir ziemlich einfach
hinter oder vor unsere Mauer gelangen. Auch andere Menschen
können da hindurch. Manch einem mögen diese beiden Möglichkeiten problematisch erscheinen.

Wir können den anderen diesen Zutritt verweigern. Es liegt ganz
an uns. Aber gerade unsere Beziehungsfähigkeit zu anderen Menschen macht einen großen Teil unseres Menschseins aus, selbst
wenn es sich nur um die freundliche Verkäuferin im Tante-Emma-
Laden um die Ecke handelt.

Viele Menschen, die mir mitteilten, dass sie an einem geringen
Selbstwertgefühl leiden, berichteten mir, wie einsam sie sich fühlten. Das ist ein ernst zu nehmendes Problem. Es hängt zusammen

mit der Unsicherheit, die man in Beziehungen mit anderen spürt, und der Angst, bloßgestellt zu werden; deshalb ziehen wir uns lieber zurück. Aber gleichzeitig haben wir das Bedürfnis, mit anderen zusammen zu sein, um die Einsamkeit zu überwinden. Ob wir es wollen oder nicht, wir sind Teil von Gruppen und Gemeinschaften.

Kreative Gemeinschaften

Ein Problem unserer westlichen Gesellschaft ist es, dass wir uns alle als Individuen betrachten und uns nicht wirklich in Gemeinschaften und in unsere Familien integrieren. Margaret Thatcher ist in gewisser Hinsicht dafür verantwortlich, dass sich in den achtziger Jahren in Großbritannien die Gesellschaft noch weiter zum Individualismus hinbewegte. Außerdem fehlt uns im Vergleich zu anderen Kulturen der Zusammenhalt, der durch das Zusammenleben in der Großfamilie entsteht.

In manchen Beziehungen und Gemeinschaften sind viel Liebe und Kreativität zu spüren. Ich fühle mich großartig, wenn ich kreativ sein kann, und vielen anderen Menschen geht es genauso. Ich glaube, das liegt daran, dass wir, wenn wir schöpferisch tätig sind, unserem Schöpfer am ähnlichsten sind.

William Morris ist für mich ein Held in Sachen Kreativität. Er sagte, man solle nichts bei sich zu Hause haben, von dem man nicht denkt, es sei schön oder brauchbar, und ich denke, dass das eine gute Einstellung für das Leben sowohl innerhalb als auch außerhalb unserer Mauer ist.

Unsere Kreativität hilft uns, aus dem, was wir haben – Freunde, eine Idee, einen Tonklumpen, ein Fleckchen Erde oder was auch immer – etwas zu machen, das schön oder brauchbar oder auch beides zusammen ist. Das kann dann vielleicht eine Beziehung sein, eine Liebe, ein Lied, ein Gedicht, eine Pizza oder eine reiche Bohnenernte.

Durch den fehlenden Zusammenhalt können wir auch das Potenzial jedes Einzelnen nicht mehr erkennen. Tony Blair

Heilsame Gemeinschaften

Wir können auch im weiteren Sinne dazu beitragen, dass die Gemeinschaften, in denen wir leben, heilsame Orte werden:
- Die Schule, in der jeder, egal, wie alt er ist oder aus welcher sozialen Schicht er stammt, um seiner selbst Willen mit Respekt und Wertschätzung behandelt wird, nicht deshalb, weil er etwas leistet;
- das Zuhause, wo wir immer willkommen sind;
- die Arztpraxis, in der wir fürsorglich und respektvoll behandelt werden;
- die Wohltätigkeitsorganisation, die unsere Mitarbeit schätzt und in die wir uns gerne investieren, um auch ein Teil dieser »heilsamen Gemeinschaft« zu sein.

Manchmal kann auch eine einfache freundliche Geste heilsam sein:
- Wenn wir in einem Geschäft freundlich begrüßt werden;
- wenn wir in der Bücherei sind und uns jemand anlächelt, während wir durch die Bücherregale stöbern.

Viele Menschen, die ein geringes Selbstwertgefühl haben, erzählten mir, wie isoliert und einsam sie sich fühlten. Es kommt mir vor, als wollten sie gerne zu solch einer »heilsamen Gemeinschaft« dazugehören, auch wenn es nur für kurze Zeit wäre. Für manche ist eine Selbsthilfegruppe ein wahrer Rettungsanker.

Realistische Änderungsmöglichkeiten

Wenn wir eine verletzende Erfahrung machen oder in einer destruktiven Beziehung leben, dann versuchen wir oft etwas zu ändern, das wir gar nicht ändern können. Das ist ein sinnloses Unterfangen.

Gott gebe mir die Gelassenheit, die Dinge hinzunehmen, die ich nicht ändern kann, den Mut, die Dinge zu ändern, die ich ändern kann, und die Weisheit, das eine vom anderen zu unterscheiden.
Reinhold Niebuhr

Wenn wir Dinge ändern wollen, die wir nicht ändern können, dann werden wir letztendlich nur noch mehr Niederlagen erleben müssen. Aber genauso falsch ist es, einfach nur dazusitzen und zuzusehen, wie etwas, das wir wirklich ändern könnten, völlig falsch läuft. Dann versäumen wir es, das zu tun, was unser Leben und das unserer Mitmenschen wieder angenehmer macht.

Änderung fängt bei mir selber an

Ich denke, der Heilungsprozess nach jeder zerbrochenen Beziehung fängt da an, wo wir bereit sind, eine festgefahrene Einstellung – in der Regel die, dass wir im Recht sind und die anderen im Unrecht – loszulassen!

Wir müssen die Tatsache, dass wir uns wirklich ändern können, im Hinterkopf behalten, wenn wir uns von unseren Schamgefühlen und unserer Wertlosigkeit hin zu mehr Selbstbewusstsein und einem realistischeren und positiveren Selbstbild entwickeln wollen:

- Wenn wir uns zu Hause oder auf der Arbeit falsch behandelt fühlen, dann können wir mit den betreffenden Personen darüber sprechen.
- Wir sind für den Umgang mit unserem Geld und unserer Zeit selbst verantwortlich und können unsere Haltung ändern.
- Wir können uns unsere Hobbys selbst auswählen und unsere Talente dadurch fördern.
- Wir können unsere Lebenseinstellung, unsere Ziele und Wünsche selbst bestimmen.
- Es gibt viele Möglichkeiten, etwas für die Gesundheit unseres Körpers zu tun, und bis zu einem gewissen Grad können wir auch unsere Figur und unser Gewicht verändern.
- Wir können uns mehr in unsere Familie, Verwandtschaft und andere Gemeinschaften integrieren.

Später werde ich noch weiter darauf eingehen, wie wir sogar unsere Sehnsüchte und Wünsche verwirklichen können.

Diese Woche konnte ich eine bestimmte Sache in meinem Leben zum Guten wenden. Ich ging in ein Tierheim und suchte mir einen Welpen aus, meine kleine Annie, die ich jetzt schon ins Herz geschlossen habe. Ich bin mir bewusst, dass ich damit ein großes Risiko eingehe, denn wenn man es wagt, jemanden zu lieben, dann riskiert man damit auch, verletzt zu werden. Aber niemanden zu lieben würde bedeuten, dass wir nicht bereit sind, hinter unserer Mauer hervorzukommen. Annie ist wunderschön und ich fühle mich einfach besser, wenn ich einen Hund um mich habe.

Zum Nachdenken

- Fassen Sie den Entschluss, Ihre Vergangenheit hinter sich zu lassen.
- Treten Sie für die Mitmenschen ein, die auf Hilfe angewiesen sind. Das wird Ihnen das Gefühl geben, etwas Gutes zu tun, und Ihre Mitmenschen werden in Ihnen dann einen Freund sehen.

Praktische Tipps

Fertigen Sie zwei Listen an, eine mit den Dingen, die wir ändern können, eine andere mit Dingen, mit denen wir eben leben müssen. Folgende Dinge können wir vermutlich nicht ändern:
- dass wir älter werden;
- dass unsere Kinder selbständig werden;
- unseren Familienhintergrund und unsere Vergangenheit;
- dass wir krank werden;
- den Tod eines Menschen, den wir lieben (nicht geliebt haben, denn wir werden diesen Menschen auch weiterhin lieben; das ist das Problem);
- dass wir von einer älteren/stärkeren/mächtigeren Person missbraucht wurden oder werden (eigentlich gehört Missbrauch in beide Listen);
- unsere Gesichtszüge, unseren Körperbau usw. (Durch eine Schönheitsoperation könnten solche Dinge verändert werden, aber ich setze diese Punkte bewusst in diese Liste, weil die meisten Menschen wohl lernen müssen, sich so zu akzeptieren, wie sie sind.)

Folgende Dinge können wir ändern:
- – unseren Kleidungsstil;
- – wie wir mit unserem Körper umgehen;
- – wie wir mit unseren Mitmenschen umgehen;
- – unsere Haltung unseren Mitmenschen gegenüber; wir können zum Beispiel lernen zu vergeben;
- – mit welchen Menschen wir unsere Zeit verbringen.

(Sicher fällt Ihnen noch mehr ein.) Denken Sie über die Liste mit den Dingen nach, die wir ändern können, und wählen Sie sich einen Punkt aus, zum Beispiel ein Hobby, das Sie aufnehmen könnten. Nehmen Sie sich dann auch die Zeit, diesen Traum in die Tat umzusetzen.

Ohne die Demut und die Wärme, die wir in den Beziehungen zu den wenigen Menschen entwickeln, zu denen wir eine enge Verbindung haben, werden wir nie in der Lage sein, »die Menschheit« zu erreichen. Dag Hammerskjöld

27. Auch unser inneres Leben braucht Zeit

Obwohl ich mich nicht als religiös bezeichnen würde, bin ich ein gläubiger Mensch. Vor einem Konzert nehmen wir uns immer einen Moment Zeit, um uns innerlich aufzubauen. Wir stellen uns in einem Kreis zusammen und einer von uns gibt dann einige Worte weiter, die uns einander näher bringen sollen. So kann jeder auf seine Weise dem Gott danken oder Anerkennung entgegenbringen, an den er glaubt. Ich glaube, dass irgendwo irgendjemand ist, der alles in der Hand hält.

Phil Collins

Während wir an unserem Selbstbewusstsein arbeiten und versuchen, manchmal hinter unserer Mauer hervorzukommen, werden wir feststellen, dass wir uns um viele verschiedene Aspekte unseres Lebens kümmern müssen, wenn wir wirklich bleibende Veränderungen erreichen und selbstsicherer werden wollen.

Wenn wir wichtige Bereiche unseres Ichs ignorieren, dann unterdrücken wir damit unsere Menschlichkeit, und unser Potenzial kann nicht zur vollen Entfaltung kommen. In unserem Innersten hegen wir geheime Träume und Hoffnungen, dort sind unsere Kreativität, unsere Gedanken, unsere Sehnsüchte, unsere Bedürfnisse und all die Dinge beheimatet, die sich in unserem Unterbewusstsein abspielen und sich nur von Zeit zu Zeit bemerkbar machen.

Wir müssen uns um unsere innersten Gefühle genauso kümmern wie um all unsere anderen Bedürfnisse.

Vielleicht klingt das für Sie etwas zu introvertiert und selbstsüchtig, aber es ist nun einmal so, dass die Liebe und Fürsorge, die wir anderen gegenüber aufbringen möchten, sehr viel mit der Liebe und Fürsorge zu tun haben, die wir uns selbst gegenüber aufbringen. An der Aufforderung Jesu, unseren Nächsten zu lieben wie uns selbst, erkennen wir, dass diese beiden Aspekte der Liebe zusammengehören. Vernachlässigt man einen der beiden Aspekte, wird auch der andere in Mitleidenschaft gezogen.

Für sich selbst zu sorgen und für seine Mitmenschen zu sorgen sind nur zwei Seiten von ein- und derselben Grundhaltung.

Das Leben in den Griff bekommen

Wenn das Leben, wie bei mir zur Zeit, außer Kontrolle geraten zu sein scheint, dann kann ich mir nicht vorstellen, wie ich das alles in den Griff bekommen soll. Was ich allerdings tun kann, ist Folgendes: Ich kann einzelne kleine Schritte unternehmen, wenn ich dazu in der Lage bin. Während ich in mein Tagebuch schreibe, beginne ich oft zu verstehen, warum ich mich so schlecht fühle, und kann dann versuchen, das Problem zu lösen. Aber das erfordert sehr viel Anstrengung. Oft komme ich dabei nur ganz langsam voran und nicht selten gehe ich dabei viele Schritte zurück in die Sicherheit hinter meiner Mauer.

Manchmal, wenn ich ein Buch zum Thema Selbstwertgefühl lese, bekomme ich den Eindruck, dass andere ihr Leben meistern, nur ich nicht, und dass ich daher wirklich ein hoffnungsloser Fall sein muss. Ich hasse Bücher, die einem weismachen wollen, man könne in nur zwölf simplen Schritten sein Leben in den Griff bekommen. Ich gehe dann diese zwölf Schritte, verändere mich dabei aber nicht. Vielleicht liegt es ja daran, dass diese zwölf Schritte keinesfalls *simpel* sind. Bis sich unser Denken und Fühlen verändert, kann es ziemlich lange dauern, und es ist auch ein wirklich schwieriger Prozess.

Unsere wahren Gefühle zulassen

Wenn wir uns wirklich verändern wollen, dann müssen wir auch die Botschaften, die wir ständig an uns selbst weitergeben, ändern. Das heißt, wir müssen uns auf unsere innersten Gefühle konzentrieren – und allein das ist schon schwierig. Mir geht es oft so, dass ich die problematischen Gefühle tief in mir einfach ausblende. Darin bin ich eine wahre Expertin!

Es passiert so schnell, dass wir diese innersten Gefühle in der Hektik und den Anforderungen des Alltags ersticken. Ich behalte den Stress in meinem Leben freiwillig bei, weil das eine gute Möglichkeit ist, diese unbequemen innersten Gefühle auszublenden.

Wir sind spirituelle Wesen

Ich kenne viele Menschen, die jeden spirituellen Aspekt ihres Lebens ausklammern. Manche behaupten sogar, der Mensch hätte keine Seele. Andere sagen, es gäbe keinen Gott. Und wieder andere haben Dinge erlebt, die ihnen ihren Glauben an Gott genommen haben.

Aber das Problem, wenn man alles Spirituelle im Leben verneint, ist, dass dann ein »geistliches Vakuum« im Menschen entsteht, wie es einmal jemand genannt hat. Man kann dann zwar versuchen, dieses Vakuum mit anderen Dingen auszufüllen, aber wie bei einem Puzzle passt nur ein bestimmtes Teil in diese Lücke. Wir können unser ganzes Leben lang versuchen, dieses »geistliche Vakuum« mit Essen, Alkohol, lauter Musik, Sex, Schokolade und allen möglichen tollen und erholsamen Hobbys auszufüllen. Aber all diese Dinge werden niemals unser wahres Bedürfnis stillen.

Wir müssen auch nicht schrecklich heilig werden und uns wie Johannes der Täufer in Felle kleiden oder an jeder Straßenecke lautstark über die Bibel predigen. Aber wir müssen diesen spirituellen Aspekt in unserem Leben ernst nehmen und zur Entfaltung kommen lassen.

Ein von Gott geschaffenes Vakuum

Ich glaube, dass dieses Vakuum die dem Menschen angeborene Sehnsucht nach einer geistlichen Dimension im Leben ist. Man kann das zum Beispiel erkennen, wenn eine Mutter ihrem Kind einen Blütenzweig zeigt, damit es bestaunen kann, wie schön dieser ist. Ebenso ist es, wenn man vor einem Kunstwerk steht, oder wenn jemand, den wir lieben, ins Zimmer kommt und uns anlächelt. Ich glaube, dass das Leben aus mehr besteht als nur den Molekülen, aus denen das ganze Universum zusammengesetzt ist, und den instinktiven Verhaltensmustern des Menschen. Ich glaube, dass es noch eine andere Ebene gibt, nämlich die, auf der es um Liebe, Kreativität, Zugehörigkeitsgefühl und Fürsorge für andere Menschen geht, auf der wir uns freuen, wenn im Frühling die ersten Schneeglöckchen blühen, die uns ankündigen, dass die dunkle und schwere Zeit des Winters bald vorüber sein wird.

Unsere Kreativität auszuleben ist ein Versuch, dieses Vakuum zu füllen. Aber wenn wir das eigentliche Problem dieses von Gott geschaffenen Vakuums in den Griff bekommen wollen, dann müssen wir uns selbst als spirituelle Wesen anerkennen. Wenn wir diesen Aspekt ignorieren, werden wir unser Leben lang das Gefühl haben, dass uns etwas fehlt.

Nahrung für die Seele

Man kann das alles aber auch unter einem völlig anderen Blickwinkel betrachten. Wenn wir unser geistliches Leben verleugnen und verkümmern lassen, bleibt ein Teil unserer Persönlichkeit unbeachtet und welkt dahin. Ich frage mich, ob das vielleicht einer der Gründe für unser geringes Selbstwertgefühl sein könnte. Ein Teil von uns bekommt keine Aufmerksamkeit. Wenn wir diesen Teil anerkennen und uns um ihn kümmern würden, dann würde dieser Teil in uns gedeihen und zur Entfaltung kommen. Das würde unser Leben bereichern und uns helfen, uns zu unserem wahren Selbst hin zu entwickeln.

Wenn wir also sagen würden: »Ja, ich bin ein spirituelles Wesen und ich werde diesen Teil in mir fördern und unterstützen«, dann würden wir einen wichtigen Schritt in Richtung Selbstannahme tun. Ebenso wie die Pflege unseres Körpers unser Selbstwertgefühl stärken kann, so kann auch die Förderung unseres geistlichen Lebens eine positive Auswirkung auf uns haben. Für mich gehören folgende Aspekte dazu:

- Seien Sie kreativ! (Bereiten Sie ein feines Essen zu, malen Sie, verschönern Sie Ihren Garten, schreiben Sie, nähen Sie, entwerfen Sie geometrische Muster, hängen Sie ein Regal auf, machen Sie eine Patchwork-Decke.)
- Nehmen Sie sich Zeit, die Natur zu bestaunen! (Beobachten Sie die Schmetterlinge im Garten, gehen Sie spazieren, pflanzen Sie in Ihrem Garten Blumen, Ihr Lieblingsgemüse oder Kräuter an.)

- Meditieren Sie; lernen Sie, innerlich zur Ruhe zu kommen und in sich hineinzuhören.
- Gönnen Sie Ihrem Körper Ruhe; Sie werden die Erfahrung machen, dass unser körperliches Wohlbefinden viel damit zu tun hat, dass wir Erholung und inneren Frieden finden.
- Verbringen Sie Zeit mit Menschen, die Sie mögen, oder rufen Sie sie an. So werden positive Botschaften zwischen Ihnen hin- und hervermittelt werden.
- Kümmern Sie sich um andere. (Hören Sie zu, spenden Sie an Wohltätigkeitsorganisationen oder helfen Sie ganz praktisch mit, besuchen Sie Freunde oder Verwandte, laden Sie jemanden, den Sie mögen, auf eine Tasse Tee ein.)

Diese Dinge helfen uns, uns nicht nur als eine Ansammlung von Molekülen irgendwo im Universum und als zufälliges Produkt irgendeines Evolutionsprozesses zu betrachten.

Das ganze Leben wäre so sinnlos, wenn wir letztendlich doch nur sterben und unser Körper verwest. Ich glaube, dass unser Geist weiterleben wird. Unsere Werke, unser Ich und der Einfluss, den wir auf andere hatten, werden fortbestehen, unabhängig davon, ob es sich dabei um etwas Positives handelt oder um gemeine und boshafte Dinge, mit denen auch die Generation nach uns noch zu kämpfen hat, unabhängig davon, ob wir nach unserem Tod einen guten oder schlechten Ruf hinterlassen.

Zum Nachdenken

- Geben Sie Ihrer Seele die Möglichkeit, sich frei zu entfalten!

Praktische Tipps

Probieren Sie in den nächsten Wochen einige Dinge aus, die Ihnen helfen können, Ihr inneres Leben zu stärken. Um es Ihnen etwas leichter zu machen, schildere ich Ihnen einige Dinge, die ich im Moment umsetze:

– Ich nehme mir ab und zu eine Minute, um mich zu erholen. Dann spanne ich alle meine Muskeln nacheinander an und lasse sie wieder locker, bis mein Körper ganz weich und entspannt ist. Sie können diese Übung auch allmählich steigern, bis Sie dahin kommen, sich fünf Minuten lang völlig zu entspannen.

– Ich setze mich ganz ruhig hin und versuche meine Gedanken in mein Tagebuch zu schreiben, um herauszufinden, warum ich im Moment so durcheinander bin. Gestern konnte ich tatsächlich zehn Minuten so dasitzen; das ist das Längste, was ich in den letzten drei Monaten schaffte. In der Therapie war etwas vorgefallen, das mich wirklich enttäuschte, und ich wusste, dass ich wütend war, weil ich mich missverstanden fühlte. Irgendwie ließ mir das keine Ruhe, und ich merkte dann, dass es mir gut tat, meine Gefühle ernst zu nehmen und über sie nachzudenken.

– Wenn ich es zeitlich schaffe, nehme ich mir einige Minuten Zeit zu meditieren. Das fällt mir meist sehr, sehr schwer. Aber im Moment verbringe ich viel Zeit im Garten, wo ich versuche, ab und zu einige Sätze zu Gott zu sagen, wenn ich sehe, wie schön meine Salatpflanzen gewachsen sind oder wie meine Löwenmaulsämlinge langsam aus dem Boden sprießen. Ich lese auch gern keltische Gebete. Sie sind meist kurz, nehmen Bezug auf meine Umwelt und ich finde sie überaus beruhigend.

Mein Körper ist gespannt
wie der einer Katze, die sich an ihre Beute heranschleicht.
Herr, entspanne meinen Körper.
Meine Gedanken werden hin- und hergerissen
wie die Äste einer Weide in den Herbststürmen.
Herr, beruhige meine Gedanken.
Meine Seele ist so schwer
wie der Torf, der frisch vom Moor gestochen wurde.
Herr, erleichtere meine Seele.
Mein Herz ist so dunkel
wie der Boden, wenn er vom Winterregen durchweicht ist.
Herr, erhelle mein Herz.

Aus: Robert Van de Weyer, Celtic Prayers

28. Was unserem Körper gut tut

Manchmal bin ich deprimiert; dann tanze ich zu schöner Musik und danach geht es mir blendend. Man muss sich das Leben nicht unnötig schwer machen.   Eine Frau im Fernsehen

Ich stellte fest, dass Menschen mit einem geringen Selbstwertgefühl dazu neigen, nichts aus sich zu machen. Das trifft natürlich nicht auf jeden zu, aber auf viele von uns.

— Warum sollte ich mir die Haare waschen, bevor ich ausgehe? Sie sehen ohnehin immer schrecklich aus.

— Warum sollte ich meine Hände eincremen? Es ist doch egal, wenn sie spröde und trocken sind.

— Warum sollte ich mich ordentlich kleiden? Ich bin nun mal ein völlig zerstörtes und zerzaustes Wrack.

Wenn wir aber auf der anderen Seite der Mauer überleben wollen, wird ein wenig Körperpflege dazu beitragen, dass wir uns besser fühlen. Es gibt viele verschiedene und einfache Dinge, die man tun kann und die nicht unbedingt viel Geld kosten müssen.

— Etwas aus einem Secondhandshop kann auch Freude bereiten. Letzte Woche kaufte ich mir ein ganz weites Herrenhemd, das gut zu meinen Jeans passt. Es kostete weniger als eine Packung Schokokekse und es ist so groß, dass es auch meine Problemzonen kaschiert.

— Im Moment bin ich oft gestresst und deprimiert. Also leihe ich mir Hörbücher aus der Bücherei aus, die ich mir dann auf meinen Reisen anhören kann, um die Gedanken an meine Therapie loszuwerden.

— In einer Liste von Ratschlägen, wie man sich von zu vielem Essen ablenken kann, las ich, dass man sich zum Beispiel Blumen kaufen soll. Sie geben einem das Gefühl, wertvoll zu sein, so dass man dann auf die Packung Schokokekse verzichten kann. Ich wollte das natürlich ausprobieren, und so konnte ich schon einige Male feststellen, dass es wirklich funktioniert. An meinem Küchenfenster stehen jetzt mehrere verschiedenfarbige Usambaraveilchen – aber ein paar Schokokekse habe ich inzwischen trotzdem gegessen.

Alles oder nichts

Meistens halten bei mir die Phasen, in denen ich mir wirklich viel Gutes tue, nur so lange an, bis ich wieder anfange mich zu fragen, welchen Sinn das alles hat. Es geht mir so lange gut, wie es mir gelingt, für alle Aspekte meiner Persönlichkeit zu sorgen, aber wenn mir ein Bereich aus den Fingern gleitet, dann leiden alle anderen mit. Dann bin ich wieder wochenlang nicht in der Lage, auch nur einen Gedanken an meinen Körper zu verschwenden.

Aber ich habe etwas Tolles herausgefunden. Ich kann meine ganze Lebenssituation ändern, wenn ich nur einen Aspekt wieder in den Griff bekomme. Wenn ich mich also wirklich darum bemühe abzunehmen und keine kalorienreiche Nahrung zu mir nehme, dann fällt es mir auch leichter, wieder ins Fitnessstudio zu gehen, meine Haare zu kämmen, mir nicht zu viel Arbeit zuzumuten und meinen Körper einzucremen. (Aus irgendwelchen Gründen verwandelt sich meine Haut in Schmirgelpapier, mit dem man einen Küchentisch abschleifen könnte, wenn ich mich nicht regelmäßig eincreme.)

Wenn ich mich also dazu durchringen kann, eine Sache wieder in den Griff zu bekommen, dann ist das oft bereits der Anfang einer guten Phase, in der ich meinem Körper wieder mehr Aufmerksamkeit schenken kann.

Was unser Körper braucht

Folgende Dinge sind für unseren Körper von großer Bedeutung:
- eine gesunde Ernährung,
- Bewegung,
- verschiedene Formen der Entspannung.

Eine gesunde Ernährung

Ich fühle mich besser, wenn ich viel frisches Obst und Gemüse esse, wenn ich mich nicht von Fastfood oder aus Dosen ernähre und wenn ich mich überwiegend an fettarmes Essen halte. Ich weiß, dass es gut ist, sich an bestimmte Ernährungsrichtlinien zu halten, und es gibt Menschen, die sich vornehmen, nichts zu essen, das mehr als fünf Prozent Fett enthält. Ich verstehe schon, warum sie das tun, und meistens halte auch ich mich daran. Ich sage bewusst »meistens«, denn wenn ich mich hundertprozentig daran halten würde, dürfte ich nie mehr so leckere Dinge wie Eis oder Schokolade essen und mir nie mehr eine Käsepizza mit einer Extraportion Mozzarella und vielleicht noch einer anderen Käsesorte zusätzlich zubereiten.

Ich bin also der Meinung, dass wir uns sehr wohl eine gesunde Ernährung angewöhnen sollten; aber es wäre unrealistisch jemandem vorzuschreiben, er dürfe nie mehr die Dinge essen, die er wirklich gern mag – außer, wenn dies aus gesundheitlichen Gründen erforderlich ist. Manche Dinge sind dazu da, dass wir sie genießen, und außerdem – sobald ich mir vornehme, eine ganze Woche keine Schokolade mehr zu essen, denke ich so oft an Schokolade, dass ich am Ende doch welche esse – vielleicht sogar zu viel!

Wenn wir etwas nicht dürfen, dann wollen wir es nur umso mehr!

Es gibt Dutzende von Büchern über eine gesunde Ernährung und noch Dutzende mehr darüber, was man tun muss, um seine Hüften und Schenkel in Form zu halten. Man kann erfahren, welche Nahrungsmittel zu viel Protein enthalten, was man nicht essen darf, wenn man die Blutgruppe 0 hat, welche Vitaminpräparate man nehmen muss, wenn man so viel Energie haben möchte wie ein achtjähriges Kind, was man gegen Arterienverkalkung tun kann und so weiter.

Bei all diesen guten Ratschlägen könnte man wirklich verrückt werden. Deshalb habe ich mir einige grundlegende Regeln aufgestellt:

– Ich esse kein Fleisch. Ich ernähre mich überwiegend von Obst und Gemüse.
– Ich esse viel Joghurt. (Das ist gut für die Darmflora.)

– Ich esse nichts aus Dosen. Wenn es geht, kaufe ich frische Produkte. Mein Lieblingsgemüse baue ich in meinem Garten an.
– Ich nehme eine Lupe mit, wenn ich einkaufen gehe, damit ich entziffern kann, welche Zutaten die verschiedenen Produkte enthalten. (Okay, das klingt wohl ziemlich verrückt, aber ich gehöre nicht zu den Menschen, die sich schämen, wenn sie etwas Ungewöhnliches tun.) Ich kaufe selten Nahrungsmittel, die Dinge enthalten, die ich nicht gut finde. Versuchen Sie einmal herauszufinden, was ein Joghurt alles enthalten kann!

Ich stellte mir einige Grundregeln auf. Ich aß nur fettarme Nahrungsmittel. Ich aß nicht zwischen den Mahlzeiten. Ich aß Dinge, die ich mag, und ich trank Wein ... Ich wusste, dass ich mich an diese wenigen Regeln halten konnte, und so war es auch.

Nigel Lawson, ehemaliger britischer Finanzminister

Bewegung

– Dreimal in der Woche 20 Minuten Bewegung sind genau richtig – aber wenn Sie achtzig sind, darf es auch etwas weniger sein! Ich versuche jeden Tag ein paar Übungen zu machen, wenn ich dazu in der Lage bin, und dreimal wöchentlich etwa eine Stunde lang intensiver zu trainieren.
– Es ist wichtig, ganz langsam anzufangen, und noch wichtiger ist es, sich vorher von seinem Arzt durchchecken zu lassen.
– Wählen Sie etwas, das Ihnen Spaß macht! Motivation spielt eine so entscheidende Rolle; tun Sie sich mit einem Freund (einer Freundin) zusammen oder gehen Sie in einen Verein.

Wer viel Hausarbeit macht, hat auch Bewegung, aber da ich nicht viel Hausarbeit mache, muss ich andere Dinge tun, um ausreichend Bewegung zu bekommen. Ich gehe gern ins Fitnessstudio oder ins Schwimmbad, fahre gern Rad oder mache Gymnastik mit Videoanleitung. Aber auch ein flotter Spaziergang von einer halben Stunde oder eine Zeit lang zu Musik zu tanzen kostet nichts und ist trotzdem sehr effektiv.

Entspannung

Es gibt verschiedene Arten der Entspannung, und jeder muss selbst herausfinden, was für ihn zu welcher Zeit richtig ist. Ich habe festgestellt, dass ich zu verschiedenen Zeiten unterschiedliche Dinge brauche. Wenn ich körperlich total erschöpft bin, kann ich mich höchstens noch vor den Fernseher setzen und einen Film ansehen. Wenn ich einfach nur Erholung von meiner Arbeit brauche, aber noch im Stande bin logisch zu denken, dann nähe ich gern oder höre Radio.

Es ist wichtig, dass wir herausfinden, was uns hilft, den Alltag völlig hinter uns zu lassen. Ich fand heraus, dass ich manchmal einfach überhaupt nichts tun darf. Ich lege mich dann in mein Bett und schließe die Augen.

Wie man sich selbst motivieren kann

Die grundlegende Frage bei diesem Thema ist, was uns gut tut. Ich lerne, immer besser auf meinen Körper zu hören, ihn zu respektieren, ihn wertzuschätzen und für ihn zu sorgen.

Das Problem ist allerdings, dass wir all diese Dinge nicht sehr attraktiv finden, wenn wir uns so schlecht fühlen. Vor kurzem hörte ich etwas, das meine Motivation stärkte. Jemand sagte mir, dass unsere Generation viel länger leben würde als die Generation vor uns. Viele von uns würden bis zu achtzig oder neunzig Jahre alt werden, ob wir es wollen oder nicht!

Es liegt also an uns. Wir können etwas für uns tun, uns ausreichend bewegen und dann unseren Lebensabend selbständig leben und in der Lage sein, für uns selbst zu sorgen und ohne Hilfe in unserer eigenen Wohnung zu leben.

Aber wir können uns auch einfach gehen lassen; dann sind wir wahrscheinlich später auf die Hilfe von den Pflegern im Altenheim angewiesen, müssen uns einen Aufenthaltsraum mit anderen teilen und Bingo spielen und, was für mich die schlimmste Vorstellung ist, wir werden nicht mehr selbständig das tun können, was wir wollen und wie wir es wollen.

Diese Vorstellung könnte einen direkt dazu motivieren, jeden Tag einen dreistündigen flotten Spaziergang zu machen, finden Sie nicht?

Zum Nachdenken

Bewegung hilft Stress abzubauen und uns besser zu fühlen und ist gut für unseren allgemeinen Gesundheitszustand.

Praktische Tipps

1. Stellen Sie sich einige persönliche Essensregeln auf, denn was für den einen gut ist, muss nicht automatisch auch für den anderen gut sein.
   - Manche Menschen haben Lebensmittelallergien, und ohne einen Test kann man oft nicht herausfinden, auf was man allergisch reagiert. Ich kenne Reformhäuser, die solche Tests anbieten, aber auch Allergologen oder Homöopathen können dabei behilflich sein.
   - Frische Nahrungsmittel müssen nicht unbedingt teuer sein. Oft kosten Dosen und Tiefkühlkost so viel, dass es sich rentiert, frische Nahrungsmittel zu kaufen.

2. Manchen hilft es, sich an einen Ess- und Bewegungsplan zu halten. Sie könnten zum Beispiel:
   - alles aufschreiben, was Sie zu sich nehmen, um sich einen Überblick zu verschaffen;
   - sich einen Plan aufstellen, was Sie an einem Tag alles essen werden;
   - einen Kalender aufhängen, in dem Sie die Tage markieren, an denen Sie Sport getrieben haben;
   - sich an den Tagen mit goldenen Sternchen belohnen (ich meine diese Aufkleber, die Sie in Schreibwarengeschäften erhalten), an denen Sie Ihre Ess- und Bewegungsvorschriften eingehalten haben (das hilft wirklich!).

Halten Sie durch!

- Selbst der fünfminütige Fußmarsch zum Bäcker ist gut für Ihren Körper!
- Selbst wenn Sie schon tage-/wochen-/monate-/jahrelang nicht auf eine gesunde Ernährung geachtet haben – es ist nie zu spät, damit zu beginnen.

Seien Sie realistisch:

- Natürlich werden Sie sich nicht immer an all diese Dinge halten können. Das ist bei jedem so. Wichtig ist, sich danach wieder aufzuraffen und neu zu beginnen. (Wenn das nur so einfach wäre!)

3. Vergessen Sie nicht, sich selbst zu loben, wenn Sie mit sich zufrieden sind!

Siebter Teil

Vom Umgang mit Trampeltieren

29. Überlebensstrategien in einer brutalen Welt

Das Führen eines Tagebuches kann helfen, die eigenen Gefühle und Gedanken besser kennen zu lernen. Man bringt auch das, was man sagen möchte und wie man eine Situation handhaben möchte, auf den Punkt, einfach nur, indem man es aufschreibt. Ellen Bass und Laura Davis in *Trotz allem – Wege zur Selbstheilung für sexuell missbrauchte Frauen*

Dieses Kapitel handelt davon, wie man mit Menschen umgehen kann, die uns immer wieder verletzen und denen es anscheinend egal ist, wen sie verletzen.

Viele von uns, die ein geringes Selbstwertgefühl haben, empfinden das Leben als beängstigend und fühlen sich unfähig, ihr Leben in den Griff zu bekommen. Wir verstecken uns dann hinter unserer Mauer, dem einzigen Ort, an dem wir uns wohl fühlen. Aber zu unserem Schrecken müssen wir feststellen, dass es auf der anderen Seite der Mauer Menschen gibt, die sich nichts daraus machen, unsere Mauer umzureißen, und denen es auch egal ist, wen sie dabei kaputtmachen. Immer, wenn etwas nicht so läuft, wie sie es sich vorstellen, benehmen sie sich wie ein wild gewordenes Trampeltier. Sie wollen aus jeder Situation als Sieger hervorgehen, ganz egal, zu welchem Preis.

Leider gibt es viele solcher Menschen. Unsere Gesellschaft scheint diese Dreistigkeit sogar noch zu unterstützen und jene zu ermutigen, die rücksichtslos ihre Ellenbogen einsetzen, um alles und jeden, der sich ihnen in den Weg stellt, zur Seite zu stoßen.

Wir leben in einer Ellenbogengesellschaft

Ich fahre jede Woche zweimal durch London und jedes Mal wundere ich mich, wie viele Autofahrer meinen, sie müssten mich überholen.

Warum ist es so wichtig, schneller oder besser als andere zu sein? Sie kleben praktisch an der Stoßstange meines Autos, und wenn sie dann eine Lücke im Verkehr sehen, schießen sie an mir vorbei, um mich zu überholen. Dabei riskieren sie ihr Leben, meines und das der erschrockenen Menschen in den entgegenkommenden Autos. Ist es wirklich sinnvoll sein Leben zu riskieren, nur um fünf Meter weiter vorne zu sein? Ich glaube nicht, dass all diese Raser dringend irgendwohin müssen. Und oft ist es dann der Fall, dass ich sie an der nächsten roten Ampel wiedertreffe und vielleicht sogar überhole, da sie in einer anderen Spur stehen und dort von einem Wagen aufgehalten werden, der auf eine Abbiegemöglichkeit wartet. Dann sind sie also wieder hinter mir und der ganze Prozess beginnt von vorne.

Das Erstaunliche ist für mich dabei, dass es so viele aggressive Autofahrer gibt, und ich frage mich dann immer, ob sie ihr Leben genauso aggressiv leben – ob sie immer die Nase vorn haben müssen, gleichgültig, was sie dafür tun müssen. Ich glaube nicht, dass man mit solch einer Lebenseinstellung weit kommt.

Mit Trampeltieren umgehen lernen

Die meisten von uns werden irgendwann mit Menschen konfrontiert, die unsere Mauer (und damit unsere Sicherheit) zerstören. Früher hatte ich einen Arbeitgeber, der »über Leichen ging«, und das war eine der schmerzhaftesten Erfahrungen, die ich in meinem Leben gemacht habe. Das Überraschende ist für mich dabei jedoch, dass ich mittlerweile darüber hinweggekommen bin. Wenn ich anderen von dieser Erfahrung berichte, dann kann ich wirklich sagen, dass ich keine Probleme mehr damit habe, und das ist für mich sehr wichtig.

Wir dürfen nicht davon ausgehen, dass die Welt von Trampeltieren regiert wird.

Wir können unsere Mauer wieder aufbauen. Und es ist auch wirklich okay, das zu tun. So können wir uns wieder in die Sicherheit hinter unserer Mauer zurückziehen und uns von solch unangenehmen Erfahrungen erholen.

Angst vor der Einsamkeit

Die Angst vor der Einsamkeit hat für viele Menschen Auswirkungen auf alle Lebensbereiche und ist einer der Hauptfaktoren, die zum »Einsturz« ihrer Mauern führen können. Viele Menschen berichteten mir, in welcher Form sich die Angst vor der Einsamkeit bei ihnen äußerte; und weil auch ich diese Angst nur allzu gut kenne, erkannte ich sie auch bei anderen, die sie nicht ausdrücklich erwähnten.

Unsere Angst vor der Einsamkeit hängt mit unserem inneren Kind zusammen, und es ist wichtig, dass wir diese Angst nicht unterdrücken. Vielleicht fühlten wir uns einsam und verlassen, als uns unsere Mutter als kleines Baby schreiend im Zimmer liegen ließ und uns nichts zu essen gab, als wir Hunger hatten. Wenn ein Baby seine Mama braucht, sie aber nicht da ist, dann hat es den Eindruck, als wäre die Mutter für immer weg, und das muss wirklich ein sehr beängstigendes Gefühl sein.

Wenn jemand stirbt ...

Der Tod ist wahrscheinlich die krasseste Form des Verlassenseins. Als ich letzte Woche am Sterbebett meiner Mutter saß, war ich überrascht, wie ruhig ich doch bleiben konnte. Ich denke, es lag daran, dass ich schon im Voraus darüber nachgedacht hatte, wie es wohl werden würde, wenn sie von uns ginge, welche Schuldgefühle in mir hochkommen könnten und ob ich dann wohl in monatelange Trauer versinken würde.

Letztendlich empfand ich aber nur Erleichterung darüber, dass sie ihr Leben, in dem sie nie glücklich gewesen war, beenden konnte. Da ich also nicht völlig fertig war, wie ich es erwartet hatte, kam ich zu dem Ergebnis, dass man nicht vorhersagen kann, wie man sich in solch einschneidenden Situationen fühlen wird.

Ich hatte allerdings erwartet, dass ich nicht so traurig sein würde wie beim Tod meiner Hündin Jemma. Offensichtlich nimmt man Gefühlen ihre schmerzliche und überwältigende Kraft, wenn man sie bereits vorher durchdenkt und über sie spricht. (Das ist wirklich eine sehr wichtige Erfahrung!)

Sie haben sicher längst festgestellt, dass meine Mutter der Mensch in meinem Leben war, der meine Mauer nicht respektierte. Sie jagte mir schreckliche Angst ein. Aber während der letzten Monate ihres Lebens war es gut, dass sie meine kleine Annie miterleben konnte und dass ich bei ihr saß, um ihre Hand zu halten.

Ich fühlte mich fast versucht, ihr einiges von dem heimzuzahlen, was sie mir angetan hatte. Endlich war es einmal umgekehrt – sie war wehrlos und ich war stark. Aber ich konnte nur Mitleid für sie empfinden. Das Einzige, was sie noch zum Lächeln bringen konnte, war, wenn Annie zu ihr aufs Bett sprang und begeistert ihr Gesicht ableckte. Menschen, die andere verletzen, sind oft sehr einsam und wissen sich nicht anders zu helfen. Meine Mutter zum Beispiel hatte keine Ziele, Wünsche oder Träume in ihrem Leben. Sie wusste nicht, dass das Leben mehr zu bieten hat und dass es nicht nur ums Überleben oder die Ausübung der eigenen Autorität geht.

Menschen, von denen wir uns angegriffen fühlen, würden uns weniger gefährlich erscheinen, wenn wir sie als bedauernswerte Geschöpfe sähen, die uns nur verletzen, weil sie nicht anders mit uns kommunizieren können.

Erwartungen, die an uns gestellt werden

Ich denke, einer der Gründe, warum ich Lehrerin wurde, war, dass meine Mutter das von mir erwartet hatte. Und schon bald, nachdem ich diesen Beruf ergriffen hatte, erkannte ich, dass die Erwartungen, die an ein Kind gestellt werden, einen großen Einfluss darauf haben, was dieses Kind später tatsächlich erreicht.

Es gibt Berichte von Versuchen, bei denen man Lehrern eine Klasse von Durchschnittsschülern gab, ihnen aber sagte, es seien lauter hochintelligente Schüler. Anderen Lehrern der gleichen Schule gab man ebenfalls Durchschnittsschüler und sagte ihnen, dass sie eine Klasse mit schlechten Schüler hätten. (Ich finde solche Versuche nicht gut. Man sollte mit der Erziehung von Kindern keine Versuche machen, aber trotzdem zeigt dieser Versuch etwas sehr Bemerkenswertes.) Am Ende des Schuljahres wurden alle Schüler geprüft und dabei kam ein überraschendes Ergebnis zustande:

Alle Schüler, deren Lehrern gesagt worden war, sie hätten eine Klasse von hochintelligenten Schülern, schnitten sehr gut ab, und alle Schüler, deren Lehrer gedacht hatten, sie hätten eine Klasse von schlechten Schülern (was ja gar nicht stimmte), schnitten sehr schlecht ab.

Wir bekommen, was wir erwarten

Offensichtlich haben die Erwartungen, die wir an unser Leben stellen, Auswirkungen auf die Wirklichkeit. Wenn wir all den »Müll« glauben, der uns jahrelang eingetrichtert wurde – all diese negativen Dinge über uns selbst –, und erwarten, dass wir von anderen verletzt werden, dann wird das auch geschehen.

Das Fantastische ist jedoch, dass wir es selbst in der Hand haben, ob es so weit kommt.

- Wir können höhere Erwartungen an uns stellen. *(Ich werde innerlich immer stärker und werde an einer positiveren Lebenseinstellung arbeiten und diesen »alten Kassetten« nicht mehr glauben.)*
- Wir können Strategien ausarbeiten, wie wir unangenehmen Personen selbstsicherer gegenübertreten können. *(Ich werde einfach davonlaufen, wenn er wieder davon anfängt. Ich werde es nicht zulassen, dass er mich wieder fertig macht.)*
- Wir können Strategien ausarbeiten, wie wir uns selbst wieder aufbauen können. *(Nur weil ich gestern versagt habe, muss das nicht heißen, dass auch heute ein schlechter Tag ist. Ich werde mir etwas Gutes tun und einige Minuten meditieren, bevor ich mit meiner Arbeit beginne.)*

Zum Nachdenken

Wenn wir mehr von uns erwarten, dann werden wir auch mehr erreichen.

Praktische Tipps

1. Schreiben Sie auf, welche Menschen oder Situationen Sie verletzen. Notieren Sie daneben, was es ist, das Sie so verletzlich macht, oder was Sie in der jeweiligen Situation so nervös macht. Versuchen Sie dann in den nächsten Wochen das, was sie aufgeschrieben haben, zu verarbeiten. Denken Sie immer an folgende Punkte:
   - Es kann zwar einige Zeit dauern, aber wir werden über die Verletzungen hinwegkommen und lernen, damit umzugehen.
   - Menschen, die ihre Mitmenschen einschüchtern, versuchen damit oft nur ihre eigene Verletzlichkeit zu überspielen.
   - Diese aggressiven Trampeltiere sind eigentlich nur bemitleidenswert – wir selbst sind viel einfühlsamer, kümmern uns um unsere Mitmenschen und helfen anderen, die Probleme haben.

2. Stellen Sie sich eine Person vor, die ein T-Shirt mit folgender Aufschrift trägt: »Zerbrechlich! Wertvolles Lebewesen!«

Achter Teil

Die Mauer wird abgerissen

30. Wie man eine neue, bessere Mauer baut

Der geringste Liebesdienst ist mehr wert als die beste Absicht.
Wie kann jemand arm sein, der geliebt wird?   Oscar Wilde

Dieses Kapitel handelt davon, wie wir unser Leben unter Kontrolle bekommen können. Wenn wir es wollen, können wir unsere Mauer stehen lassen und eine Tür einbauen, oder wir können sie abreißen und mit den Steinen etwas ganz anderes bauen.

Wir müssen natürlich realistisch bleiben mit den Dingen, die wir erreichen können. Aber wir müssen uns auch etwas zutrauen und versuchen, unsere Ziele und Wünsche zu verwirklichen.

Wenn wir dann Fortschritte erkennen, selbstsicherer und optimistischer werden und anfangen uns wertzuschätzen, dann können wir uns überlegen, ob wir unsere Mauer abändern wollen, ob wir sie vielleicht sogar abreißen wollen oder ob wir sie stehen lassen und eine ausreichend große Tür und ein Fenster mit Meeresblick einbauen.

Dann könnten wir aus den herausgebrochenen Steinen einen Grillplatz bauen, wo wir im Sommer Grillpartys feiern können, oder einen Brennofen bauen, in dem wir unsere Töpferarbeiten brennen können, oder ob wir die Steine mit verschiedenen Materialien verzieren und sie dann als Buchstützen verwenden. All dies sind konstruktive Möglichkeiten für das neue, kreative Leben, das wir zu leben begonnen haben.

Wir könnten die herausgebrochenen Steine auch als Waffen einsetzen, indem wir sie auf die Menschen werfen, die uns immer wieder Verletzungen zufügen. Das wäre zwar negativ, aber manchmal müssen wir unserer Wut und unserem Frust auf irgendeine Weise Ausdruck verleihen.

Jeder Mensch braucht Rückzugsmöglichkeiten

Als wir anfingen, unsere Mauer zu bauen, waren wir verletzt und verängstigt und brauchten diesen Schutz und diese Sicherheit, um weiterexistieren zu können. Vielleicht haben wir uns auch einen Turm gebaut, der uns von allen Seiten umgibt, damit niemand zu uns durchdringen kann. Auf jeden Fall überlegten wir nicht lange, bevor wir zu bauen begannen, und deshalb wäre es sicher gut, die Mauer noch einmal neu zu bauen, auf einem besseren Fundament und mit einem genauen Bauplan. Denn auch wenn uns unser Turm vordergründig Geborgenheit gibt, so kann er doch auch ein Gefängnis sein.

Ich halte nichts davon, die Mauer komplett abzureißen, weil wir unsere Rückzugsmöglichkeiten brauchen. Jeder Mensch hat dieses Bedürfnis, nicht nur diejenigen, denen das Leben Angst macht.

Masken tragen

Es gibt Menschen, die sagen, wir würden Masken tragen, um unser wahres Ich zu verbergen, und ich finde dieses Bild sehr passend. Allerdings finde ich, dass es richtig ist, diese Masken zu tragen. Selbst wenn ich selbstsicherer werde, brauche ich noch meine Mauer und sehr viele Haken, an die ich all meine Masken hängen kann!

Auf jeden Fall brauchen wir unsere Masken, wenn unsere Grenzen von anderen überschritten werden, sonst können wir in der Welt auf der anderen Seite der Mauer nicht überleben und werden auch nicht in der Lage sein, Grenzen zu definieren.

– Es ist völlig richtig, erst dann aus unserem Versteck zu kommen, wenn wir es wollen.
– Wir können uns die Masken, die wir tragen wollen, selbst aussuchen, und dürfen das, was wir nicht mit anderen teilen möchten, für uns behalten.
– Wir können unsere Masken wechseln oder abnehmen, wenn wir dies möchten.

Vergessen Sie nicht, dass wir eine Maske auch tagelang tragen können, wenn es nötig ist. Wenn uns etwas Schwieriges bevorsteht, dann kann es sehr hilfreich sein, selbstsicherer zu wirken, als wir es gefühlsmäßig sind. Außerdem erinnern wir uns daran, dass wir es lernen müssen, selbstsicher aufzutreten, um auf lange Sicht auch selbstsicher zu werden.

Unsere tiefsten Wünsche und Bedürfnisse erkennen

Wenn wir inneren Frieden finden wollen, dann müssen wir uns Zeit nehmen, unsere tiefsten Wünsche und Bedürfnisse zu erkennen. Das klingt wieder sehr egoistisch, aber das muss es eigentlich nicht sein. Zum Beispiel gehört es zu meinen tiefsten Wünschen und Bedürfnissen, meine Kinder und meinen Partner zu versorgen und zu lieben. Anderen hilft es, drei oder vier Stunden in der Woche einfach nur still zu sein, und andere wieder möchten ins Fitnessstudio gehen.

Zu unserem »wahren Ich« finden

Wir werden das, was die Psychologen unser »wahres Ich« nennen, besser kennen lernen, wenn wir nach und nach mehr über uns selbst entdecken. Zum Beispiel dann ...
– wenn wir über unser Lebensziel nachdenken;
– wenn wir in unser Tagebuch schreiben;
– wenn wir Zeit mit Menschen verbringen, mit denen wir uns gut verstehen und die eine optimistische Lebenseinstellung haben;
– wenn wir eine Selbsthilfegruppe besuchen;
– wenn wir uns einer anderen Gemeinschaft anschließen.
Psychologen sprechen auch von unserem »falschen Ich«, wenn wir in einer kaputten Beziehung leben, wenn wir panische Angst haben vor der Konfrontation mit der Realität oder wenn wir versuchen, das perfekte Kind unserer Eltern zu sein. Das falsche Ich sind die Teile unserer Persönlichkeit, die mit der Welt und dem Leben nicht zurechtkommen. Wir leben in unserem falschen Ich, wenn wir den alten Kassetten zuhören, statt realistisch zu sein und uns selbst als wertvolle Menschen anzuerkennen.

Unser wahres Ich ist unsere gesamte Persönlichkeit, die aus Körper, Seele und Geist besteht – wenn man einen Menschen überhaupt in diese drei Kategorien einteilen kann. Wenn unser inneres Leben wächst und aufblüht, dann kommen wir in Berührung mit dem, was wir wirklich fühlen (das kann schmerzhaft sein!), und dem, was wir wirklich mit unserem Leben tun wollen (ganz wichtig!).

Dann werden wir uns selbst wirklich kennen lernen und herausfinden, wie wir unser mangelndes Selbstwertgefühl besiegen können. (Es ist absolut zauberhaft, wenn das geschieht.)

Glücklich sein

Wenn wir glauben, unser Lebensglück hänge von anderen Personen ab, dann haben wir wirklich ein Problem. Wenn man sehnsüchtig auf den perfekten Partner, die vollkommenen Freunde, auf Reichtum, eine großartige Karriere oder worauf auch immer wartet, dann wartet man vermutlich vergeblich.

Das wäre auch uns selbst gegenüber unfair. Wenn wir ständig darauf warten, dass das Glück von irgendwoher aus dem Kosmos zu uns kommt, dann suchen wir am falschen Ort.

Das Glück beginnt in uns selbst und ich weiß, dass das sehr schwer zu verstehen ist.

Ich brauchte sehr lange, bis ich erkannte, dass es von mir und meiner Einstellung abhängt, ob ich glücklich sein kann. Ich dachte, ich »müsste« doch glücklich sein, wenn ich ein Baby, einen Partner, ein Zuhause und so weiter habe. Aber so war es nicht.

Jetzt weiß ich, dass ich erst glücklich sein kann, wenn ich mich an die Dinge halte, die ich in diesem Buch anspreche:

- Wenn ich mich wirklich darum bemühe zu verstehen, was in mir vorgeht;
- wenn ich meine Freiräume mit Entschiedenheit und einer guten Portion Humor verteidige;
- wenn ich ein Leben führe, das mir und meinen Mitmenschen gut tut;
- wenn ich andere wertschätze;
- wenn ich mir selbst und anderen vergebe;
- wenn ich zu mir selbst und zu anderen ehrlich bin;
- wenn ich die geistliche Ebene in meinem Leben zur Entfaltung kommen lasse;
- wenn ich mich selbst akzeptiere;
- wenn ich mir selbst und den Menschen, die ich liebe, vertraue;
- wenn ich mich selbst bedingungslos liebe.

Es liegt also an uns selbst, ob wir glücklich sind oder nicht, und ich weiß, dass das anfangs eine sehr beunruhigende Vorstellung sein kann. Aber je länger wir darauf warten, dass das Glück irgendwann bei uns anklopft, desto mehr Zeit vergeuden wir – Zeit, die wir dafür investieren könnten, dass sich unser Traum vom Glück erfüllt, und zwar hier und jetzt.

Hoffnungen, Träume und Ziele

Ich glaube, man fängt dann an alt zu werden, wenn man seine Hoffnungen und Träume verliert. Es ist daher so inspirierend, wenn man im Fernsehen ältere Menschen sieht, die zum Beispiel einen Marathon (auch einer meiner Träume) mitlaufen oder mit einem Fallschirm aus einem Flugzeug springen, oder die einfach großartige und liebevolle Großeltern sind.

Ich glaube, dass es wichtig ist, mit unseren Träumen auf dem Boden der Tatsachen stehen zu bleiben, aber wir müssen auch Wege finden, wie wir in die Tat umsetzen können, was wir tun wollen und was wir eines Tages sein wollen.

Frieden und Gerechtigkeit

Wenn wir eine neue und bessere Mauer bauen wollen, dann müssen wir auch einen Blick über unsere kleine Welt hinauswerfen und nach Möglichkeiten suchen, was wir für unseren Planeten und die sechs Milliarden Menschen, die auf ihm leben, tun können. Unsere Hoffnungen, Träume und Ziele können sich auch auf die ganze Welt beziehen und nicht nur auf den kleinen Teil, in dem wir leben.

Ich finde es inspirierend, wenn ich höre, dass die Vereinten Nationen sich zum Ziel gesetzt haben, in zehn Jahren die Armut der Welt um 50 Prozent zu reduzieren, alle kriegerischen Konflikte zu beenden und Frieden und Gerechtigkeit auf unserem Planeten zu schaffen. Es ist sicher gut, sich solche Ziele zu stecken und nicht den skeptischen Journalisten zu glauben, die die Mitarbeiter der UN als weltfremd bezeichnen.

Wie können wir in unserer reichen westlichen Welt nur so selbstzufrieden vor uns hinleben, wenn in Städten wie New York oder London Hunderte von Obdachlosen umherirren? Wenn ganze Familien in Kriegsgebieten getrennt oder ausgerottet werden? Wenn so unglaublich viele Kinder in Indien nicht zur Schule gehen können, weil sie für den Lebensunterhalt der Familie sorgen müssen? Es wäre eine enorme Herausforderung, allen indischen Kindern einen Schulplatz zur Verfügung zu stellen – man bräuchte Tausende neuer Schulen und Lehrer. Aber man würde letztendlich diesen Kindern ein glückliches und erfülltes Leben verwehren, wenn man sich mit weniger zufrieden gäbe.

Natürlich müssen wir realistisch bleiben, aber es hat sich noch nie etwas geändert, wenn Menschen gesagt haben, eine Aufgabe sei zu ungeheuerlich, um sie überhaupt in Betracht zu ziehen. Nur wenn man Visionen und Träume hat und ein Problem in kleine erreichbare Ziele einteilt, kann man Änderungen herbeiführen.

Stellen Sie sich vor, was passiert wäre, wenn Ghandi oder Florence Nightingale die Probleme, mit denen sie konfrontiert waren, für unüberwindbar gehalten und sie deshalb gar nicht erst in Angriff genommen hätten.

Es gäbe keinen Grund, warum Menschen heutzutage immer noch hungern müssen, wenn es da nicht korrupte politische Systeme gäbe und die Gier der Menschen, die ohnehin schon genug haben.

Einer meiner Gründe, warum ich kein Fleisch esse, ist die damit verbundene Ungerechtigkeit; wenn wir im Westen nicht so viel Getreide an unser Vieh verfüttern würden, dann gäbe es genug, von dem sich die Hungrigen dieser Welt ernähren könnten.

Hunger, Kriege, Obdachlosigkeit, die Verschmutzung unseres Planeten und all diese erschreckenden Dinge sind nicht irgendwo weit weg. Sie betreffen alle mitfühlenden, kreativen Menschen, die Hoffnungen, Träume und Ziele für eine bessere Welt haben.

Man hat nicht genug getan, man wird nie genug getan haben, solange es noch etwas gibt, das man beitragen kann.

Dag Hammerskjöld

Zum Nachdenken

- Jeder von uns kann sich für die Gesellschaft einsetzen.
- Jeder von uns kann dazu beitragen, unseren Planeten zu schützen.
- Jeder von uns hat Träume und kann versuchen, sie zu verwirklichen.

Praktischer Tipp

Schreiben Sie einige Dinge auf, die Sie früher gern tun wollten. Welche davon könnten Sie jetzt noch tun, wenn Sie sich darum bemühen würden?

Du großer Schöpfer, Vater aller Menschen, wir bringen die Bedürfnisse der Welt vor dich. Wo Hass ist, lass Liebe entstehen; wo Kränkung ist, schenke deine Vergebung, Herr; wo Zwietracht herrscht, errichte du neuen Glauben und schenke kindliches Vertrauen; wo Sorgen quälen, bringe inneren Frieden und tiefe Freude; wo Finsternis herrscht, lass dein herrliches Licht scheinen. Das bitten wir im Namen unseres Erretters und Erlösers Jesus Christus. Amen.

Nach einem Gebet von Franziskus von Assisi

31. Wie das Leben kreativ wird

Wir müssen uns selbst mehr zutrauen. Wir neigen dazu, uns zu schnell Grenzen zu setzen. Wir könnten alle mehr tun, um einige unserer Träume zu verwirklichen.   Linda Finch

Sobald wir gelernt haben, auch für längere Zeit auf der anderen Seiter der Mauer zu leben, werden wir entdecken, dass die Welt dort sehr aufregend und interessant sein kann. Es gibt viele verschiedene Möglichkeiten, kreativ zu sein und seinem Mitgefühl Ausdruck zu verleihen, auch wenn man nur wenig Zeit und Geld hat. Wenn wir kreativer werden, dann werden wir uns selbst besser verstehen lernen, ein besseres Selbstwertgefühl bekommen und uns selbst besser annehmen können.

Unsere Gaben einsetzen

Unter Kreativität verstehe ich nicht, dass man ein Maler werden muss. Man kann zum Beipiel:
- das Essen ansprechend anrichten;
- einen Beruf oder ein Hobby ausüben, bei dem man gestalterisch tätig ist;
- andere zum Nachdenken anregen;
- Frieden und Freude verbreiten, indem man anderen nette Dinge sagt.

Schöne Dinge herzustellen kann so befriedigend sein, dass es sich auf unser Gefühlsleben auswirkt, uns mit Freude erfüllt und uns stolz macht. So können wir unser Selbstwertgefühl steigern.

Ich gehe sogar so weit, dass ich behaupte, wer der Kreativität in seinem Leben keinen Raum gibt, hat keine Aussichten auf ein besseres Selbstwertgefühl. Aber auch die Kreativität muss bewusst geplant werden. Ebenso wie das Glück kommt auch die Kreativität nicht einfach von selbst.

Viele Menschen sagen mir, dass sie gern schreiben würden. Einige sagen, sie wären bestimmt Schriftsteller, wenn sie nur genug Zeit dafür hätten. Andere sagen, sie würden darauf warten, dass ihnen eine geniale Idee käme, über die sie schreiben könnten. Aber es ist nicht so einfach, Schriftsteller zu sein. Ich muss mir die Zeit dafür nehmen, und wenn ich nur auf eine geniale Idee warten würde, dann hätte ich noch nie ein Buch geschrieben. Bücher schreiben sich nicht einfach von selbst. Ich muss mich hinsetzen, viel über das Thema, über das ich schreiben will, nachdenken und manch eine Tasse Tee trinken, während ich meine Gedanken zu Papier bringe.

Kreativität einplanen

Auch wenn für Sie vielleicht ganz andere Dinge interessant sind, hier sind einige Vorschläge, was Sie in nächster Zeit einmal planen könnten:

- Besuchen Sie einen älteren Menschen aus der Nachbarschaft.
- Tun Sie sich mit anderen Müttern zusammen und beginnen Sie, sich gegenseitig bei der Kinderbetreuung auszuhelfen.
- Laden Sie Ihre Nachbarn ein, um Ihren Garten für eine Grillparty herzurichten.
- Schicken Sie eine nette Postkarte an einen Freund/eine Freundin von früher.
- Zeichnen Sie einen Familienstammbaum und betrachten Sie ihn dann zusammen mit Ihrer ganzen Familie.
- Suchen Sie nach Fotos von Ihren Großeltern und lassen Sie davon Abzüge für Ihre Nichten und Neffen machen.
- Kaufen Sie sich gebrauchte Möbelstücke und malen Sie diese mit bunten Farben aus dem Handwerkermarkt an.
- Initiieren Sie einen Geschichtenwettbewerb und unterstützen Sie mit dem Erlös eine Wohltätigkeitsorganisation.
- Bringen Sie einem Kind etwas bei, zum Beispiel, wie man aus einer Plastikwanne einen kleinen Gartenteich machen kann.

All diese Dinge kommen nicht von selbst zustande. Wir müssen Sie vorher planen. Man muss es planen, in einigen Monaten ein anderer Mensch zu sein – ein optimistischerer Mensch – jemand, der von anderen gern gesehen wird. Jemand, der hinter seiner Mauer hervorgekommen ist und sich seitdem für die Menschen in seiner unmittelbaren Umgebung einsetzt.

Warum das alles?

Kümmere dich nicht so um deinen Lebensunterhalt, dass du dabei vergisst zu leben.

Ich habe eine Karte mit diesem Spruch in meiner Küche aufgehängt, wo ich sie tagtäglich sehen kann. Dieser Spruch ist sehr wichtig für mich, weil er mich auf das Wesentliche hinweist und mir vor Augen führt, dass es viele Menschen gibt, die keine Arbeit haben und dankbar wären, wenn sie eine Möglichkeit hätten, Geld zu verdienen.

Aber wie oft ertappe ich mich dabei, wie mein eher langweiliger und manchmal auch unkreativer Beruf mir meine Zeit raubt und ich dabei die kreativen Dinge, mit denen ich kein Geld verdienen kann, ganz außer Acht lasse.

Ich habe einen Sohn, einen Enkel, eine Nichte und einen Neffen, die bereits künstlerische Berufe ausüben oder darauf zusteuern. Wie mutig diese jungen Menschen sind, und wie sehr ich sie bewundere! Sie lernten schon in jungen Jahren, dass man versuchen muss, seine Träume zu verwirklichen, um ein glückliches und erfülltes Leben zu haben. Sie achteten nicht auf all diese gut gemeinten, aber völlig überflüssigen Ratschläge, etwas Anständiges zu lernen und eine sichere Karriere anzustreben, die gute Aufstiegsmöglichkeiten und ein gutes Gehalt verspricht.

Manchmal hat man den Eindruck, dass Weisheit keine Frage des Alters ist, sondern damit zu tun hat, wie man seine Träume in dem kurzen Leben hier auf dieser Erde verwirklicht.

Genügend Geld zum Leben zu haben heißt nicht unbedingt, viel Geld zu haben, sondern zu wissen, dass man auch mit wenig Geld auskommen kann. Jonathan Atkinson

Ich will Krüge machen!

Vor langer Zeit erzählte mir jemand folgende Geschichte:

Es war einmal ein Töpfer, der seine eigene kleine Töpferei hatte, in der er gute und schöne Krüge herstellte. Eines Tages saß der Töpfer vor seiner Töpferei, aß ein Käsebrot und genoss es, sich von der Sonne bescheinen zu lassen und den Vögeln am Himmel zuzusehen.

Da kam ein Tourist daher und bewunderte die Krüge und stellte fest, dass sie im Vergleich zu den Krügen in seiner Heimat viel billiger waren. Der Tourist war ein Geschäftsmann und fragte den Töpfer:

»Stellen Sie diese Krüge alle selbst her?«

»Ja«, sagte der Töpfer.

»Wissen Sie, dass Sie viel mehr Krüge herstellen könnten, wenn Sie einen Arbeiter hätten, der Ihnen hilft?«

»Warum sollte ich mehr Krüge herstellen?«, fragte der Töpfer.

»Sie könnten diese Krüge exportieren und dort verkaufen, wo ich herkomme.«

»Warum sollte ich das tun?«, fragte der Töpfer.

»Weil Sie sehr viel Geld damit verdienen könnten«, sagte der Tourist.

»Warum sollte ich das tun?«, fragte der Töpfer.

»Sie könnten noch mehr Arbeiter anstellen, die dann die ganze Arbeit für Sie erledigen.«

»Warum sollte ich das tun?«, fragte der Töpfer.

»Dann hätten Sie ein viel angenehmeres Leben und könnten öfter in der Sonne sitzen.«

»Sie meinen, so wie ich es gerade tue?«, fragte der Töpfer.

»Ja, ich denke schon«, sagte der Tourist, »aber dann könnten Sie viel Geld machen.«

»Aber ich will kein Geld machen«, sagte der Töpfer, »ich will Krüge machen.«

In unserer materialistischen Gesellschaft dagegen passiert es nur allzu schnell, dass man sein Leben auf das liebe Geld baut. Das ist jedoch eine Falle, und wir verlieren auf diese Weise schnell den Sinn für die wirklich wichtigen Dinge.

Eine gut bezahlte Arbeitsstelle kann unser Selbstwertgefühl tatsächlich heben. Und es ist wirklich wunderbar, wenn man sich frisches Gemüse aus dem Bioladen leisten kann, das viel besser schmeckt als aus dem Supermarkt, und ein neues Paar Schuhe, wenn man es braucht. Aber all diese Dinge sind nicht ausschlaggebend. Um glücklich sein zu können braucht man einen Sinn für die wirklich wichtigen Dinge im Leben; dann kann man auch zufriedener und erfüllter leben.

Die wirklich wichtigen Dinge im Leben

Ich möchte das, was ich als meine Seele bezeichne, wirklich kennen lernen – die Seite an mir, die so emotionsgeladen ist, wenn ich Rache will, wenn ich ausraste, wenn ich über die Natur staune, wenn ich ein neugeborenes Baby im Arm halte und wenn mich ein geliebter Mensch umarmt.

Ich glaube, dass es die Seele ist, die unser Wesen ausmacht. Sie wird verwandelt, wenn wir unsere Kreativität zur Entfaltung kommen lassen, wenn wir »loslassen« und im Einklang mit dem Teil des Universums leben, der weit über das Sichtbare hinausgeht, und wenn wir zu begreifen beginnen, dass wir von unserem großen Schöpfer angenommen sind und er uns unaussprechlich liebt.

Zum Nachdenken

- Wir sind einzigartig und etwas ganz Besonderes. Wir haben einzigartige Gesichtszüge, Fingerabdrücke, Träume, Hoffnungen und Ziele.
- Die Trägheit zu überwinden und die Dinge »einfach zu tun« ist der sicherste Weg, wie man ein besseres Selbstwertgefühl bekommen kann.

Praktische Tipps

1. Überlegen Sie zusammen mit einem Freund/einer Freundin, was Sie tun könnten, um kreativer zu werden.

2. Wenn Sie die Idee mit der Schachtel, deren Inhalt Sie in schweren Zeiten ermuntern kann, gut finden, wie wäre es dann, wenn Sie solch eine Schachtel für jemanden basteln würden, der im Moment eine schwere Zeit durchmacht?

3. Oder schreiben Sie Postkarten. Selbst der kürzeste Text auf einer schönen Postkarte kann jemandem das Gefühl geben, dass er etwas Besonderes ist, und zeigt ihm, dass Sie an ihn denken.

4. Denken Sie an den wunderbarsten Menschen, den Sie kennen. Warum ist er oder sie so großartig? Schreiben Sie auf, was Sie an ihm oder ihr bewundern. Beginnen Sie dann damit, diese Eigenschaften in sich selbst zu entwickeln.

Neunter Teil

Und nun?

32. Die Angst überwinden

Ein Mensch ist glücklich, solange er dies will, und nichts kann ihn daran hindern. Alexander Solschenizyn

Dieser letzte Teil handelt davon, wie es weitergeht, wenn wir erkannt haben, dass das Leben auf der anderen Seite der Mauer zu bewältigen ist, zumindest für einige Zeit.

Wir fühlen uns nun viel sicherer und verstehen besser, wer wir sind und was wir von unserem Leben erwarten.

Langsam bekomme auch ich dieses wunderbare Gefühl, dass ich wirklich in Ordnung bin, so wie ich bin. Heute Morgen habe ich versucht, Ruth dieses Gefühl zu beschreiben. Es erinnert mich an das unerwartete Gefühl, das ich damals vor zehn Jahren in meiner Therapie bei John hatte – ganz plötzlich und ohne erkennbare Ursache konnte ich mich selbst gut finden.

Heute Morgen fühlte ich mich wie in eine magische Decke gehüllt, in der es warm und gemütlich war, während ich versuchte, Ruth dieses Gefühl zu beschreiben, das ich in manchen flüchtigen Augenblicken habe – das Gefühl, in Ordnung zu sein. Gerade jetzt spüre ich es tief in meinem Innern.

Wir haben unsere guten und unsere schlechten Seiten

Schon lange bemühe ich mich sehr darum, mich selbst nicht herunterzumachen und ein realistischeres Selbstbild zu bekommen. Wieder bin ich an diesem entscheidenden Punkt angelangt, mir klar zu machen, dass ich kein hoffnungsloser Fall und ein von Grund auf schlechter Mensch bin, der eigentlich keine Daseinsberechtigung auf dieser Erde hat. Wie jeder andere Mensch habe ich meine guten und meine schlechten Seiten, und dass ich nicht immer alles richtig mache, bedeutet noch lange nicht, dass ich zu nichts nütze bin.

Als ich Ruth mein gutes Gefühl beschrieb, hatte ich den Eindruck, als könnte es plötzlich verschwinden und nie wieder zurückkommen. Es ist schon faszinierend, dass unsere Gefühle sich manchmal überhaupt nicht logisch erklären lassen.

Ruth verstand meine wirren Gedanken. Das war einer der Momente, in denen man den Eindruck hat, dass die Vorteile der Therapie all die Kämpfe und Schmerzen, die sie mit sich bringen kann, ausgleichen. Ich wusste, dass sich all die Tränen, die Wut, die häufigen Aufforderungen, keine Gefühle auszuklammern, sondern dranzubleiben und sie zuzulassen (was meiner Meinung nach wirklich an die Substanz geht), gelohnt hatten.

Natürlich bin ich so an das negative Denken gewöhnt, dass ich sofort denke, dass diese guten Gefühle ebenso schnell verschwinden werden wie damals während der Therapie mit John. Ich habe vergessen, was Ruth zu mir gesagt hat. Wahrscheinlich war es irgendetwas Positives. Aber in meinen Gedanken war ich wieder abgeschweift auf vertrautes Terrain, hin zu meinen alten negativen Gedanken und Gefühlen. Welche Sicherheit, Wärme und inneren Frieden uns dieses neue Gefühl auch vermittelt, es gibt kaum etwas, das so stark ist wie die alten Gefühle, mit denen wir jahrelang gelebt haben!

Dann begannen wir beide im selben Moment zu lachen, weil wir beide genau wussten, was ich in diesem Augenblick dachte!

Wenn die alten Gedanken wiederkehren, dann nur, weil ich es zulasse. Naja, dieser Überzeugung bin ich zumindest an guten Tagen.

Bei näherer Betrachtung

Mittlerweile sind einige Monate vergangen, seit ich den letzten Abschnitt geschrieben habe, und es wird Zeit, dass ich dieses Buch zu Ende bringe, um es meinem äußerst geduldigen Herausgeber zu schicken. Dieses gute Gefühl, das ich oben beschrieben habe, habe ich tatsächlich immer noch – jedenfalls oft! Es ist aber nicht immer mit solch einem Gefühl von Wärme verbunden, wie ich es anfangs hatte. Manchmal meditiere ich und fühle mich völlig durchschnittlich, aber ich bin dann in der Lage, mir selbst zu sagen, dass ich in Ordnung bin, so wie ich bin. Langsam komme ich über die Lügen, die mir als Kind eingetrichtert wurden, hinweg.

Ich habe immer noch Zeiten, in denen ich völlig niedergeschlagen bin. Ich traue es mir nicht zu, zwei Artikel zu schreiben, die ich diese Woche noch fertig machen muss. Ich habe Angst, nächste Woche vor einer Gruppe von Lehrern zu sprechen, für die ich einen ganzen Tag lang eine Fortbildung an ihrer Schule halten muss. Ich weiß, dass ich am Tag davor von Selbstzweifeln und Angst geplagt sein werde.

Ich werde nicht hingehen wollen. Und ich werde mich dann zwingen müssen, mir nicht länger einzureden, ich würde das nicht schaffen.

Mittlerweile weiß ich, dass ich vielleicht mein ganzes Leben lang diese Angst vor wichtigen Terminen haben werde. Ich war lange so naiv zu glauben, dass diese Angst nach einigen Jahren Berufserfahrung vorübergehen würde. Aber dem ist nicht so. Manchmal möchte ich fast meinen Beruf an den Nagel hängen, weil ich dabei solche Qualen durchstehen muss. Aber je öfter ich die Erfahrung mache, dass ich es wirklich kann, und weiß, dass ich trotz dieser krank machenden Angst weiterhin Seminare halten werde, desto mehr innere Stärke kann ich entwickeln. Außerdem wird die Angst ganz allmählich schwächer. Ich kann jetzt selbst vor großen Konferenzen zuversichtlich sein – auch wenn mir dabei fast das Herz in die Hosen rutscht. Und hinterher finde ich immer, dass es besser lief, als ich erwartet hatte!

Neues zu wagen ist unweigerlich mit Angst verbunden, aber wir können nur dann Neues lernen, wenn wir es wagen, Risiken einzugehen. M. Scott Peck

Negatives Denken abschütteln

Ich weiß, dass ich ohne Probleme jeden Tag der Woche mit negativen Gedanken füllen könnte! Es fällt uns so leicht, uns selber fertigzumachen, dass wir direkt süchtig danach werden können.

Paulus dagegen rät uns Folgendes, um von unseren negativen Gedanken abzukommen:

Im Übrigen, meine Brüder und Schwestern: Richtet eure Ge-
danken auf das, was schon bei euren Mitmenschen als recht-
schaffen, ehrbar und gerecht gilt, was rein, liebenswert und
ansprechend ist, auf alles, was Tugend heißt und Lob verdient.

Paulus in Philipper 4,8

Auch wenn die Angst uns manchmal noch eiskalt erwischt und diese guten Gefühle in uns zu ersticken droht, können wir uns trotzdem
über diese neuen, anderen Gefühle freuen. Wir dürfen uns darüber
freuen, dass es wirklich möglich ist, unsere Gefühle, unsere Gedanken und unsere Lebensperspektive zu ändern, auch wenn das Leben
immer wieder Schwierigkeiten für uns bereithält.

Das Positive in den Menschen sehen

In einem Buch für Menschen, die sexuell missbraucht wurden, wurde den Lesern die Aufgabe gestellt, jemanden zu fragen, ob er in
den im Buch dazu vorgesehenen Freiraum einige positive Eigenschaften des Lesers eintragen könne. Es wurde vorgeschlagen, seinen Therapeuten oder eine Person, der man vertraut, zu fragen. Ich
bat Ruth, ob sie das tun würde, und sagte ihr, sie könne das Buch
ruhig einige Tage behalten, um über die ganze Sache nachzudenken.

Sie antwortete spontan, dass sie darüber nicht nachzudenken
brauche; sie fing sofort an, eine ganze Reihe guter Eigenschaften
aufzuschreiben, die ihr an mir auffielen.

Ich war perplex.

Ich hatte gedacht, ich müsste ihr viel Zeit geben, da es sicher
schwer sein würde, gute Eigenschaften an mir zu entdecken. Aber
sie setzte sich einfach hin und begann zu schreiben. Von all dem,
was ich durch dieses Buch lernte, ist mir dieses Erlebnis am deut-
lichsten in Erinnerung geblieben.

Wenn Sie also jemanden haben, dem Sie wirklich vertrauen und
der Sie liebt und wertschätzt, dann probieren Sie es aus und fragen
Sie diese Person, ob sie bereit sei, eine Liste ihrer guten Eigenschaften für Sie anzufertigen.

Es geht um mehr als nur ums Überleben

Einer der Punkte, mit denen ich immer noch zu kämpfen habe, ist, inwieweit wir wirklich unser altes Leben hinter uns lassen und von vorn beginnen können. Ich finde es schlimm, wenn Menschen meinen, bestimmte Punkte in ihrem Leben nie ändern zu können und für immer darin gefangen zu sein. Wenn sie zum Beispiel glauben, eine Depression könne niemals vorüber gehen. Aber es gibt Menschen, die von ihrer Depression loskamen und nie wieder damit zu tun hatten. Aus irgendwelchen Gründen kommt meine Depression immer wieder zurück (auch wenn sie längst nicht mehr so schlimm ist wie vor zwanzig Jahren), und ich muss *eventuell* damit rechnen, dass ich für den Rest meines Lebens damit zu kämpfen haben *könnte*.

Aber ich weigere mich, mich als »depressiv« zu bezeichnen! Damit würde ich ja sagen, dass ich jetzt und in alle Ewigkeit depressiv wäre. Ich *muss* daran glauben, dass ich darüber hinwegkommen werde.

Es ist so ähnlich, wenn man sexuellen Missbrauch, Krebs oder ein geringes Selbstwertgefühl überstanden hat. Oft sagen und glauben wir dann, dass diese Sache »unser ganzes Leben zerstört hat«, und meinen damit, dass sie dies auch in Zukunft tun wird. Wäre es nicht besser zu sagen: »Ja, das *hat* mein Leben total zerstört – aber ich werde eines Tages darüber hinwegkommen, und es wird mein Alltagsleben nicht mehr beeinflussen!«? Das würde heißen, dass wir uns von der Opferrolle verabschieden, um ein »Überwinderleben« zu beginnen.

Ich habe auch nicht alle Antworten. Ich hege nur den leisen Verdacht, dass auch auf diesem Gebiet die Regel gilt, dass wir das bekommen, was wir erwarten.

Vergessen Sie das Lachen nicht!

Denken Sie daran, dass wir uns wirklich besser fühlen, wenn wir lachen. Wenn wir uns selbst verstehen und annehmen können, werden wir öfter lachen, und das wird dann wiederum unser ganzes Wesen und unsere Seele beeinflussen.

Aus tiefster Seele zu lachen ist das, was Christen als Freude bezeichnen – also die feste Überzeugung, dass trotz mancher Unsicherheiten alles in Ordnung ist und wir wirklich einen Grund haben, der Welt mit einem Lächeln zu begegnen. Wenn wir lachen, werden wir auch die Erfahrung machen, dass Freude sehr eng mit innerem Frieden zusammenhängt.

Zum Nachdenken

Mit jemandem zusammen zu lachen kann Kommunikation auf einer sehr tiefen emotionalen Ebene sein. Es kann uns ein starkes Gefühl von Zusammengehörigkeit und gegenseitiger Anteilnahme vermitteln.

Praktische Tipps

1. Gehen Sie zurück zum praktischen Tipp von Kapitel 3, wo Sie sich eine Liste mit den Dingen anfertigen sollten, die Sie an sich mögen. Spätestens jetzt wäre es gut, wenn Sie diese Liste beginnen oder vervollständigen würden.

2. Bitten Sie jemanden, eine Liste Ihrer positiven Eigenschaften zu schreiben.

3. Denken Sie darüber nach, welche Menschen Sie immer wieder verletzen. Aber bleiben Sie hier nicht stehen. Dieses Nachdenken über negative Erfahrungen tut Ihnen nicht gut. Denken Sie nur so lange darüber nach, bis Sie erkennen, dass diese Menschen vielleicht nur deshalb so handeln, weil sie selbst kein Selbstwertgefühl haben und sich nur dann gut fühlen, wenn sie den Eindruck bekommen, besser als andere zu sein!
   – Lernen Sie hieraus, dass andere zu verletzen eine negative Verhaltensweise ist, die Sie sich abgewöhnen wollen.
   – Denken Sie darüber nach, ob diese Menschen Sie vielleicht nur deshalb verletzen, weil sie in Wirklichkeit neidisch auf Sie sind! Was für ein Gedanke! Durch meine Therapie wird mir immer klarer, dass Neid oft da mitspielt, wo wir es nie vermuten würden.

33. Sie sind angenommen!

Wer leben will, muss bereit sein, sich zu verändern; wer gut leben will, muss bereit sein, sich oft zu verändern.

Kardinal Newman

Vor vielen Jahren besuchte ich einen Frauentag unserer Volkshochschule zum Thema Selbstwertgefühl. Bevor ich dort hinging, war ich unglaublich nervös, aber als ich dann da war, stellte ich fest, dass die anderen Teilnehmerinnen genauso nervös waren. Also machte es mir nichts aus, aufzustehen und zu sagen, wer ich war und warum ich gekommen war.

Den ganzen Tag lief alles ziemlich gut, aber das änderte sich, als wir uns dann gegen Ende der Veranstaltung in einen Kreis stellten und jede etwas Positives über sich sagen sollte, das wir zuvor in kleinen Gruppen eingeübt hatten. Ich fand das entsetzlich und bekam einen Lachanfall, den ich einfach nicht unterdrücken konnte, so dass ich die ganze Zeit so tun musste, als müsste ich mich schnäuzen.

Eine junge Frau war gekommen, weil sie die Schule ohne Abschluss verlassen hatte und nun vorhatte, wieder aufs College zu gehen. Die Leiterin dieses Seminars wies sie an, sich in die Mitte des Kreises zu stellen, und sagte dieser Frau dann, dass sie intelligent sei und sicherlich einen guten Abschluss im College machen würde und so weiter.

Die Leiterin war eine schrecklich dominante Person und es war offensichtlich, dass die junge Frau ihr kein Wort glaubte. Ihr war das äußerst peinlich und sie war den Tränen nahe.

Das ist doch dummes Zeug!

Als ich an die Reihe kam, sagte ich brav den Satz auf, den ich vorher eingeübt hatte, und hoffte, die Leiterin würde mich in Ruhe lassen. Aber das Beste kam noch: Als beinahe alle dran gewesen waren, kam dann eine Frau an die Reihe, die ihre »positive Affirmation« herunterleierte und dann sagte: »Das ist doch alles dummes Zeug!« Alle außer der Leiterin brachen in schallendes Gelächter aus! Für mich war das der realste Augenblick des Tages.

Die Leiterin reagierte dann sehr merkwürdig. Sie beschimpfte diese Frau wie eine ungezogene Schülerin und zwang sie, den auswendig gelernten Satz noch einmal zu wiederholen – aber diesmal hatten alle Teilnehmerinnen ein dümmliches Grinsen auf dem Gesicht.

Manche Bücher zum Thema Selbstwertgefühl gehen meiner Meinung nach etwas zu weit, so wie dieser Frauentag an unserer Volkshochschule. Ich kann einfach nicht glauben, dass man erfolgreich und ausgeglichen werden kann, einen genialen Partner finden und seine Kinder so erziehen kann, dass auch sie erfolgreich und selbstbewusst werden und so weiter, *nur weil man sich irgendetwas einredet.* Wenn ich mir immer und immer wieder vorsage, dass ich ein wunderbarer Mensch bin (oder was auch immer es war, das ich mir an jenem Tag eintrichterte), wird das allein nicht genügen, damit sich wirklich etwas verändert.

Lewis Smedes schreibt in seinem Buch *Vergeben und Vergessen* Folgendes über die Methode, sich bestimmte positive Dinge immer wieder einzureden:

> *[Wir können uns davon überzeugen] dass wir bereits akzeptabel sind. Meist geschieht das durch positive Aussagen über uns selbst. Selbsthypnose ist eine Möglichkeit; wir können uns stündlich irgendwelche positiven Affirmationen vorsagen, die unser Selbstbewusstsein stärken sollen. Es kann jedoch sein, dass der Verstand den Gefühlen ständig sagt, man sei ein wunderbarer Mensch, die Gefühle das aber nicht annehmen können. Scham ist normalerweise nicht auf diese Art zu besiegen.*

Positives Denken

Ich bin mir sicher, dass Lewis Smedes im Großen und Ganzen Recht hat. Aber andererseits denke ich auch, dass wir in dem

Prozess, den wir durchmachen müssen, um selbstbewusster zu werden, auch manchmal Dinge tun sollten, die so ähnlich sind wie das, wozu uns diese arrogante Leiterin aufforderte. Veranstaltungen wie diese können uns helfen, weil wir dadurch unser Augenmerk darauf richten, unsere negativen Gedanken durch positive zu ersetzen und uns dann auch mehr zutrauen.

Wir sollten uns aber nicht nur mechanisch irgendetwas einreden, sonst lassen wir nämlich einen wichtigen Punkt außer Acht: Wir müssen uns Zeit nehmen und in uns gehen, bis wir ganz allmählich eine wirkliche Veränderung an uns feststellen. Meine Angst davor, in dieser schlimmen Welt allein gelassen zu werden, wird nicht einfach deshalb vergehen, weil ich mich einer positiven Gehirnwäsche unterziehe. Aber langfristig (ein Tag ist dafür viel zu wenig) kann es uns helfen, diese negativen alten Kassetten auszutauschen, wenn wir uns immer wieder klarmachen, welche positiven Seiten wir haben. Ein negatives Selbstbild kann allerdings auch sehr tiefe Verletzungen herbeigeführt haben. Bei meinen Nachforschungen für dieses Buch sagte mir jemand:

> *Gott kann mich unmöglich annehmen. Ich bin sicher, dass er nichts mit mir zu tun haben will.* Brian (45)

Wenn unser Vertrauen bereits in der Kindheit enttäuscht wurde und wir zum Beispiel Angst hatten, verlassen zu werden, dann kann das so tiefe Verletzungen in uns verursacht haben, dass es unrealistisch wäre zu glauben, diese würden so schnell dahinschmelzen wie Schnee in der Frühlingssonne. Solche tiefen frühkindlichen Verletzungen berühren die spirituelle Ebene in uns, die sich nach geistlichem Trost sehnt.

Ich bin angenommen

Während des gesamten Prozesses der Veränderung von dem, was ich einmal war, hin zu dem, was ich werden möchte, darf ich wissen, dass ich von Gott angenommen bin. Das ist der andere wichtige Punkt.

Ich weiß, dass meine wunderbare Familie mich liebt, und ich genieße das auch. Meine Therapie bedeutet für mich, dass mich eine fremde Person annimmt, mir eine Lehrerin, eine Freundin und eine »Mutter« wird und ich dieser Person mein Vertrauen schenken kann.

Aber das ist für mich nicht genug. Das kann meine Sehnsucht danach, angenommen zu werden, nicht völlig stillen.

Letztlich kann ich erst dann das Gefühl bekommen, wirklich in Ordnung zu sein, so wie ich bin, wenn ich in meinem Innersten, also in meiner Seele, weiß, dass ich mich in den großen Händen Gottes behütet, sicher und vor allem als sein Kind angenommen wissen darf. Dann bin ich wirklich zu Hause.

Was auch immer geschieht, wie oft mich Menschen auch verletzen, missbrauchen oder ablehnen, ich weiß mich getragen und fühle mich geborgen. Ich bin angenommen, so wie ich bin, und ich bin mehr geliebt, als ich jemals begreifen werde.

Das ist es, was Christen unter Gnade verstehen.

In der Gnade wird etwas überwunden. Gnade hat die Form des »Obgleich«: Gnade ereignet sich trotz Trennung und Entfremdung. Gnade ist die Wiedervereinigung des Lebens mit sich selbst, die Versöhnung des Selbst mit sich selbst. Gnade ist die Wiederannahme dessen, was verworfen ist. Gnade verwandelt Verhängnis in sinnvolles Schicksal; sie verwandelt Schuld in Vertrauen und Mut. Es ist etwas Sieghaftes in dem Wort Gnade. Obwohl die Sünde mächtig geworden ist, ist die Gnade noch viel mächtiger geworden. [...] Zuweilen bricht in einem solchen Augenblick eine Welle von Licht in unsere Finsternis ein, und es ist, als ob eine Stimme sagte: »Du bist dennoch bejaht!« Dennoch bejaht, bejaht durch das, was größer ist als du und dessen Namen du nicht kennst. Frage jetzt nicht nach dem Namen, vielleicht wirst du ihn später finden. Versuche jetzt nicht, etwas zu tun, vielleicht wirst du später viel tun. Trachte nach nichts, versuche nichts, beabsichtige nichts. Nimm nur dies an, dass du bejaht bist.

Paul Tillich in seinem Werk *In der Tiefe ist Wahrheit*

Zum Nachdenken

Sie sind angenommen!

Praktische Tipps

1. Halten Sie Ausschau nach Kursangeboten zum Thema Selbstwertgefühl (Volkshochschule etc.).

2. Man ist sich selbst der schlimmste Feind, wenn man sich ständig kritisiert und die Schuld an allem gibt. Hören Sie auf, sich immer auf die schlechten Dinge zu konzentrieren! Versuchen Sie sich selbst das Gefühl zu vermitteln, dass Sie angenommen sind.

Sich selbst zu vergeben ist schwer; aber Sie müssen es tun, wenn Sie in Zukunft glücklich sein wollen, wenn Sie herausfinden möchten, wer Sie wirklich sind, und wenn Sie der Welt mit einem Lächeln im Gesicht gegenübertreten wollen.

Wenn es Ihnen geht wie mir, dann werden Sie wohl bereit sein, auch schwierige Dinge anzugehen, werden dabei aber völlig vergessen, auch mal innezuhalten und sich über das Erreichte zu freuen. Es passiert ganz leicht, dass der Erfolg einfach so an mir vorbeirauscht und ich mich schon wieder auf mein nächstes Ziel konzentriere! Wir brauchen so viel Bestätigung wie möglich; also fangen Sie an, sich in dieser Disziplin zu üben. Lernen Sie es, auch mal innezuhalten und sich zu sagen: »Gut gemacht!«

34. Wie man einen konkreten Plan erstellt

Wenn man nicht den Mut hat, die Heimatküste aus den Augen zu verlieren, kann man keine neuen Ozeane entdecken.
Text auf einem Poster in einem indischen Klassenzimmer

Wenn wir wirklich unsere Hoffnungen, Träume und Ziele verwirklichen wollen, dann brauchen wir einen genauen Plan für unsere Zukunft; und bei den praktischen Tipps für dieses Kapitel werde ich einen Vorschlag für solch einen Plan machen.

Wir brauchen unbedingt einen konkreten Plan, denn gerade wir Menschen mit einem schlechten Selbstbild brechen häufig Dinge, die wir uns vorgenommen haben, wieder ab, weil wir nicht glauben, dass wir in der Lage sind, sie durchzuführen, oder weil wir einfach zu träge sind.

Es ist schließlich viel einfacher, zu Hause auf dem Sofa zu sitzen, als sich öffentlich dazu zu bekennen, dass man sich bestens mit der Pflege von Meerschweinchen auskennt, oder sich für andere einzusetzen, wenn sie Tipps brauchen für einen gelungenen Ausflug in den Zoo mit zehn Kindern.

Unsere Trägheit und die Einstellung, wir könnten bestimmte Dinge ohnehin nicht schaffen, führen unweigerlich dazu, dass unsere Träume nicht einmal im Ansatz erfüllt werden. Solch eine Haltung ist vergleichbar mit einer Lähmung der Gliedmaßen, mit Blindheit oder irgendeiner anderen Krankheit, die unsere Möglichkeiten drastisch einschränkt.

Den Blick nach vorn richten

Abenteuer ist das Zusammenspiel von Traum und Realität.

Dieser Spruch hängt an meiner Pinnwand und ich lese ihn mir oft durch, um mir immer wieder ins Gedächtnis zu rufen, dass das Leben ein Abenteuer ist und dass wir unsere Träume tatsächlich verwirklichen können.

Ich glaube sogar, dass wir erst dann wirklich ehrlich zu uns selbst sind und auch erst dann wirklich menschlich sind, wenn wir versuchen, unsere Träume zu verwirklichen.

Wer kann uns helfen?

Vielen wird eine Anleitung zur Selbsthilfe, die dieses Buch ja sein soll, helfen, sich auf das zu konzentrieren, was sie wirklich tun wollen.

Aber um unserem Ziel näher zu kommen, brauchen wir auch Menschen, die uns zuhören und uns ermutigen.

Wenn Sie das Gefühl haben, nicht genug von anderen unterstützt zu werden, dann überlegen Sie sich, wie Sie Kontakt zu solchen Menschen bekommen können.

Menschen, die dafür geeignet wären, sollten ...
– gute Zuhörer sein;
– sensibel und einfühlsam sein;
– Ihnen mit Liebe begegnen;
– offen sein (nicht kritiksüchtig);
– Ihnen keine zusätzlichen Lasten aufbürden, wenn Sie an Ihren eigenen Lasten schon schwer genug zu tragen haben;
– gute Freunde sein, mit denen Sie gerne zusammen sind.

Jemand, der auch nur eine dieser Eigenschaften hat, käme bereits in Frage. Wenn derjenige zwei dieser Eigenschaften in sich vereint, dann sind Sie wirklich auf dem besten Weg. Teilen Sie dieser Person dann mit, was Ihnen in diesem Buch wichtig wurde und was Sie in nächster Zeit in die Tat umsetzen möchten. Erarbeiten Sie dann einen genauen Plan für die nächste Woche und das kommende Jahr und bitten Sie die Person, sich von Zeit zu Zeit mit Ihnen zusammenzusetzen, um über Ihre Fortschritte zu sprechen.

Wenn Sie eine Therapie oder Beratung in Erwägung ziehen, dann rate ich Ihnen, vorher zu einigen Therapeuten Kontakt aufzunehmen, um herauszufinden, wer Ihnen am ehesten entspricht.

Mit einem konkreten Plan kann man großartige Ergebnisse erzielen

Mit einem genauen Plan für die Zukunft tut man sich leichter, den ersten Schritt zu einem besseren Selbstbild zu wagen. Das Ganze mag uns wie ein unüberwindbarer Berg erscheinen, aber wenn wir Schritt für Schritt vorwärts gehen, dann werden wir uns nicht von den vielen Problemen überwältigen lassen und aufgeben.

Es ist so ähnlich wie mit einer Liste von Dingen, die man an einem bestimmten Tag erledigen will, wenn einem alles zu viel zu werden scheint. Beginnen Sie Ihre Liste mit wirklich einfachen Dingen. Gestern schlug mir jemand vor, meine Liste doch mit »einatmen, ausatmen, einatmen, ausatmen« zu beginnen. Ein wirklich guter Ratschlag!

Es soll aber *Ihr eigener* Plan sein; übernehmen Sie bitte nur die Vorschläge von mir, die Sie ebenfalls gut finden. Wenn Sie dann wirklich sagen können, dass es *Ihr* Plan ist, dann wird das sehr ermutigend für Sie sein. Nicht ich, Sue, werde Ihre Lebensqualität verbessern, sondern *Sie selbst.*

Was ist mein Motiv?

Durch meine Betreuung von Lehrern im beruflichen und im privaten Bereich fand ich heraus, dass wir unsere Pläne viel energischer in die Tat umsetzen und grundlegende Veränderungen erreichen können, wenn wir uns fragen, warum wir einen bestimmten Traum verwirklichen oder ein gestecktes Ziel erreichen wollen.

Vielleicht ist es Ihr Ziel, in der Öffentlichkeit selbstbewusster auftreten zu können. Wenn Sie sich immer wieder vor Augen halten, *warum* Sie das erreichen wollen, dann werden Sie viel motivierter an die ganze Sache herangehen. Sie könnten sich also folgenden Satz einprägen:

»Ich will in der Öffentlichkeit selbstbewusster auftreten, damit ich auch in Bewerbungsgesprächen einen besseren Eindruck machen kann. Dann werde ich eine bessere Arbeitsstelle bekommen, und das wird meine Lebensqualität deutlich steigern.«

Wenn für Sie der erste Schritt zum Ziel der Besuch einer Selbst-hilfegruppe und der Kontakt zu Gleichgesinnten sein sollte, dann wäre das der erste Punkt auf Ihrem Plan. Auf diese Weise können Sie große Ziele in kleine Teilziele einteilen und jede Woche einen kleinen Schritt nach vorn tun.

Zum Nachdenken

Wenn wir wissen, was wir erreichen wollen, dann werden wir mit viel mehr Schwung an die Sache herangehen.

Praktische Tipps

Vorbereitungen für Ihren konkreten Plan:

Hier sind einige Punkte, die Sie durcharbeiten sollten, bevor Sie Ihren eigentlichen Plan erstellen. Folgende Dinge möchte ich in meinem Leben erreichen:
- eine Kurzgeschichte schreiben und sie für einen Wettbewerb einsenden;
- jeden Berg in Deutschland besteigen;
- jeden Vogelpark in Deutschland besuchen;
  und so weiter.

Aus folgenden Gründen möchte ich diese Dinge tun:
- Weil ich mir das schon seit meiner Kindheit wünsche.
- Weil ich das wirklich gern mache und viel Spaß dabei habe.

Mein Plan für die Zukunft

Hierfür können Sie sich gern mehrere Wochen Zeit nehmen und im-mer wieder einmal darauf zurückkommen. Die Liste, die Sie erstel-len, muss oft überarbeitet werden. Legen Sie sie also an einen Ort, an dem sie Ihnen immer wieder auffällt. Nehmen Sie ein großes Blatt Papier und unterteilen Sie es in drei Bereiche:

– In den ersten Bereich schreiben Sie Dinge, die Sie bereits diese Woche umsetzen können. (Zum Beispiel keine Nachrichten mehr im Fernsehen anschauen, da sie auf schockierende Weise mit der grausamen Realität konfrontieren, sondern stattdessen die Kurznachrichten im Radio hören und die dadurch gewonnene Zeit für kreative Hobbys nutzen.)
– In den zweiten Bereich schreiben Sie Dinge, die Ihnen etwas schwerer erscheinen und für die Sie mehr Zeit brauchen, um sie umsetzen zu können. (Zum Beispiel in eine Bücherei gehen, einen Sprachkurs ausleihen und so viel von der Sprache lernen, wie Sie für einen Wochenendaufenthalt in dem entsprechenden Land benötigen; oder anfangen Tagebuch zu schreiben, um herauszufinden, ob Sie Ihre Gedanken und Gefühle besser verstehen können, wenn Sie sie niederschreiben.)
– In den dritten Bereich schreiben Sie Dinge, die Sie auf lange Sicht erreichen möchten und für deren Umsetzung Sie vielleicht auf Hilfe angewiesen sind. (Zum Beispiel einer Selbsthilfegruppe beitreten oder den festen Entschluss fassen, dass Sie Ihre negativen Gedanken in den nächsten Monaten ablegen werden.)

Zögern Sie nicht. Beginnen Sie jetzt, Ihren Plan für die Zukunft zu erstellen. Menschen mit einem geringen Selbstwertgefühl können wahre Weltmeister im Zögern sein.

35. Echt werden

Die Liebe baut uns auf. Und indem wir anderen unsere Liebe schenken, bauen wir sie auf.　　　　　　　　　M. Scott Peck

Schon lange zermartere ich mir den Kopf, wie ich dieses letzte Kapitel schreiben soll. Ich habe schon mehrere Versuche gestartet, aber nie war ich mit dem Ergebnis zufrieden. Ich hörte auf die innere Stimme, die mir sagte, ich würde es nie schaffen. Schon so manche Träne ist deswegen in die Tastatur meines Computers gekullert.

Aber heute habe ich eine genaue Vorstellung für dieses letzte Kapitel.

Ich sitze mit meiner kleinen Hündin Annie auf unserem Sofa. Sie ist erst gut ein Jahr alt, wird aber bald sterben müssen. Der Tierarzt hat gesagt, es gebe nichts mehr, was er für sie tun könne. Ihre Nieren arbeiten nicht mehr und alle Versuche, sie zu heilen, haben nur eine kurzfristige Besserung bewirkt.

Jetzt ist sie übers Wochenende bei uns, damit wir uns von ihr verabschieden können. Die ganze Familie ist da und wir machen viele Fotos von ihr. Der Arzt hat gesagt, dass es Annie jetzt noch für einige Tage gut gehen wird.

Heute Nachmittag sollte ich in Cardiff, ganz auf der anderen Seite der Insel, zu Menschen sprechen, die sich um Depressive kümmern. Ich wäre auch sehr gern dort hingefahren. Ich hasse es, wenn ich Leuten absagen muss, und ich lasse andere Menschen gern an meinen eigenen Problemen teilhaben, wenn ich ihnen damit helfen kann. Das ist auch der Grund dafür, dass ich einen Sinn in dem sehen kann, was ich in den letzten Jahren durchgemacht habe. Der Gedanke, dass auch ein Verwundeter zur Heilung anderer beitragen kann, hat mich oft aufrechterhalten.

Aber ich wusste, dass ich heute nicht in der Lage sein würde, auch wenn ich deshalb ein paar Stunden lang Schuldgefühle hatte. Ich muss heute zu Hause bei meinen Kindern und meiner kleinen Hündin sein.

Leben, um zu lieben

Ich habe mir meinen Laptop geholt, damit ich bei meiner Arbeit neben Annie auf dem Sofa sitzen kann. Ich werde heute den ganzen Tag nicht mehr von ihrer Seite weichen. Sie freut sich, wenn ich bei ihr bin, und ich möchte sie streicheln und ihr das Gefühl der Geborgenheit vermitteln.

In einem meiner lichten Momente erkannte ich auf einmal, warum mir mein Leben so schwer vorkommt. Es gibt etwas, von dem ich wirklich ganz sicher weiß, dass ich es kann – nämlich lieben.

Je mehr ich darüber nachdenke und dabei sehe, wie meine kleine Hündin in ihren letzten Zügen liegt, desto deutlicher wird mir, dass ich zwar Probleme habe, mich als gesellige oder wertvolle Person zu betrachten, dass ich aber leicht hinter meiner Mauer hervorkomme, um einem anderen Liebe zu schenken.

Es gibt viele Menschen, die ich bewundere und liebe, und es sind alles Menschen, die auf andere zugehen und ihnen ihre Liebe schenken, selbst wenn sie selber schwere Verletzungen erlitten haben und auch Zeit brauchen, um sich an ihren Ort der Sicherheit zurückzuziehen. Niemandem Liebe zu schenken würde bedeuten, sich selbst um das Wichtigste im Leben zu bringen. Niemandem Liebe zu schenken würde bedeuten, für immer hinter seiner Mauer zu bleiben und so wenig in das Leben und seine Mitmenschen zu investieren, dass man völlig verkümmert und das Leben an einem vorübergeht.

Liebe kann auch wehtun

Wie sehr wir uns auch darum bemühen, wir werden uns niemals vor Schmerzen schützen können. Wir können versuchen, nur oberflächliche Beziehungen einzugehen und dadurch dann vielleicht weniger Verletzungen erleiden. (Viele Menschen scheinen das sehr erfolgreich zu praktizieren!)

Es ist einfach eine Tatsache, dass Liebe wehtun kann. Die Person, die wir lieben, kann sterben, uns ablehnen, uns verletzen, unsere Liebe nicht erwidern oder uns verlassen. Aber wenn wir unsere Träume verwirklichen und etwas vom Leben haben wollen, dann müssen wir dieses Risiko in Kauf nehmen, denn Menschen (und Tiere) sind so wertvoll, dass es sich trotz allem lohnt. Sie sind es wert, dass wir das Risiko auf uns nehmen, verletzt zu werden.

Als ich Annie vor elf Monaten aus all den Welpen auswählte, war ich mir dessen voll bewusst, dass die Liebe, die ich ihr schenken würde, eines Tages auch Schmerz bedeuten könnte. (Aus irgendeinem unerklärlichen Grund hat unser Schöpfer es so eingerichtet, dass Hunde ein kürzeres Leben haben als Menschen. Verzeihen Sie mir bitte, wenn ich das grausam finde. Meine Tochter sagt allerdings, dass jeder Tod eines Hundes, den wir miterleben, uns auf den Fall vorbereitet, wenn eines Tages ein geliebter Mensch stirbt.)

Bedingungslose Liebe

Wenn ich gerade einmal nicht weine, dann bin ich mir sicher, dass Annie all den Schmerz, den meine Kinder und ich jetzt leiden müssen, wert war. Es wäre nicht halb so schön mit ihr gewesen, wenn wir uns mehr zurückgehalten und sie nicht so innig ins Herz geschlossen hätten. Von Anfang an haben wir ihr bedingungslos unsere Liebe geschenkt – und das hat sie gespürt.

Genau diese bedingungslose Liebe müssen wir auch uns selbst gegenüber aufbringen. Ich weiß, dass mir das schwer fällt, aber heute wurde mir klar, dass ich durch diese schmerzhafte Erfahrung ganz neu lernen durfte, was es heißt, jemanden bedingungslos zu lieben.

Jeder kann lieben, oder er kann es lernen. Selbst wenn man den Eindruck hat, niemals wirklich geliebt worden zu sein, kann man trotzdem anderen und sich selbst Liebe schenken. Das ist nicht leicht. Bei mir war es auch der Fall, dass mich nie jemand wirklich geliebt hatte (vielleicht meine Großeltern, aber zu ihnen hatte ich nur sehr wenig Kontakt), bis zu dem Zeitpunkt, als ich auf dem College meinen Ehemann kennen lernte. Ich kenne noch mehr Menschen, die wenig Liebe erfahren haben, aber dennoch in der Lage sind, andere zu lieben. Ich bin also sicher, dass man Liebe weitergeben und empfangen kann, auch wenn man selbst nur wenig Liebe geschenkt bekam.

Echt werden

Ich glaube, dass wir erst dann wirklich Mensch sein können, wenn wir uns anderen auf der anderen Seite der Mauer hingeben. Dann leben wir *wirklich*.

Trotz all unseres Selbsthasses und der Verzweiflung über unser Unvermögen können wir anderen Liebe, Freude und Frieden schenken.

»Was heißt eigentlich *echt*?«, fragte das Samtkaninchen eines Tages, als beide, bevor Nana zum Aufräumen kam, nebeneinander auf dem Fußboden im Kinderzimmer lagen. »Heißt es, dass man surrende Sachen im Bauch und einen Haltegriff am Rücken hat?«

»Echt hat nichts damit zu tun, wie man gemacht ist«, sagte Pferdchen. »Es ist etwas, das mit dir passiert. Wenn dich ein Kind eine lange, lange Zeit liebt – wenn es nicht nur mit dir spielen will, sondern wenn es dich wirklich liebt –, dann wirst du echt.«

»Tut das weh?«, fragte Samtkaninchen.

»Manchmal«, sagte Pferdchen, denn er war immer ehrlich. »Aber wenn man echt ist, macht einem der Schmerz nichts aus.«

»Passiert das denn ganz plötzlich wie beim Aufziehen?«, wollte Samtkaninchen wissen, »oder eher Stück für Stück?«

»Es geschieht nicht auf einmal«, sagte Pferdchen. »Man wird es. Das braucht viel Zeit. [...] Wenn man erst einmal echt ist, dann sind einem schon die meisten Haare weggeliebt worden und die Augen fallen dir heraus und deine Gelenke sind ausgeleiert und du bist ganz abgewetzt. Aber das macht alles nichts, denn wenn du erst einmal echt bist, kannst du gar nicht mehr hässlich sein, höchstens für Leute, die keine Ahnung haben. [...] Wenn man erst einmal echt ist, kann man nicht mehr unecht werden. Es hält für immer an.«

Aus *Das Samtkaninchen oder*
Das Wunder der Verwandlung
von Margery Williams

Liebe ist ein Wagnis!

Der springende Punkt ist ja, dass wir das Risiko eingehen, verletzt zu werden, sobald wir jemanden lieben. Aber wir müssen das Risiko eingehen. Ich glaube sogar, dass wir alles aufs Spiel setzen müssen, wenn wir jemanden lieben wollen. Das ist sicher auch der Grund, warum ich in den Augen meiner Freunde solche Verzweiflung lese, wenn ihr Partner sie nach Jahren der gegenseitigen Liebe und des Zusammenlebens verlassen hat. Lieben heißt daran zu glauben, dass man in all den Schmerzen und dem Chaos auf dieser Welt zumindest auf die Liebe zählen kann. Dass sie sicher ist, zeitlos und immerwährend.

Ich spiele gerade mit dem Gedanken, dass wir das Leben vielleicht gerade deshalb so schwer finden, weil wir lieben. Der Schmerz über eine zerbrochene Beziehung kann so schlimm sein. Wenn wir nicht lieben würden, gäbe es den Schmerz, den ich heute spüre, vermutlich nicht. Aber wäre das Leben noch sinnvoll, wenn es die Liebe nicht gäbe?

Wenn wir das Risiko nicht eingehen ...

Sicher kennt jeder Menschen, die das Wagnis der Liebe aus irgendeinem Grund nicht eingehen. Einige solcher Menschen begegneten mir, als ich an diesem Buch arbeitete. Sie schienen mir die traurigsten Menschen zu sein, die ich je kennen lernte. Über das Schicksal mancher vergoss ich bittere Tränen, und ich hätte ihnen so gern geholfen.

Einige, mit denen ich sprach, wussten genau, was sie taten. Sie sagten, sie hätten nicht die Absicht, irgendein Risiko einzugehen. Sie seien schon einmal verletzt worden und würden so etwas nicht noch einmal zulassen.

Doch einige von diesen Menschen hofften trotzdem auf einen Partner, auf eine Familie, auf Geborgenheit, auf ein Zuhause oder auf eine Karriere.

Die Frage ist allerdings, ob sie das jemals bekommen können, wenn sie nicht bereit sind, ein Risiko einzugehen. Ich glaube nicht.

Sie werden viel Zeit, Hilfe, Liebe und vielleicht einen guten Therapeuten brauchen, um aus ihrer Verteidigungsstellung in der risikofreien Welt hinter ihrer Mauer herauskommen zu können. Es tat mir wirklich weh, ihnen nicht helfen zu können. Aber ich wusste nicht, wie ich das hätte tun sollen.

Die gute Nachricht am Ende dieses Buches ist aber, dass sich Menschen verändern können und sich auch wirklich verändern. Manchmal geht das innerhalb ganz kurzer Zeit. Ich habe mich heute verändert, während ich neben Annie auf dem Sofa saß. Ich habe ein positives Selbstbild. Ich schenke anderen Liebe und gehe Risiken ein. Und irgendwie werde ich über den Schmerz von Annies Tod hinwegkommen, auch wenn mir das im Moment unmöglich scheint. Der Schmerz ist so groß.

Das Ziel im Auge behalten

Manche Veränderungen gehen sehr langsam vonstatten; man bemüht sich jahrelang, etwas zu erreichen und scheitert dann letztendlich doch. Dann muss man wieder von vorne beginnen, und irgendwann sieht man dann erste Erfolge. Es ist kein einfacher Weg, aber ich habe herausgefunden, dass es wunderbar ist, wenn man am Ende das Ergebnis sieht!

Wir werden viel Ermutigung brauchen, bevor wir dieses Risiko eingehen, aber dadurch, dass Sie jetzt dieses Buch gelesen haben, zeigen Sie, dass Sie Risiken eingehen können. (Hören Sie nicht auf die Stimme, die Ihnen das ausreden will!)

Wenn wir ein Risiko eingehen, lieben oder unsere Denkweise oder unser Verhalten ändern wollen, dann ist das keinesfalls leicht. Diese Dinge, die so wichtig für unser Leben sind, werden immer eine Herausforderung sein. So ist das Leben.

In meinem Arbeitszimmer hängt ein Bild, das ich jeden Tag sehe. Darauf ist ein Pinguin abgebildet, der in einer Gletscherspalte festhängt, und darüber steht Folgendes:

Wenn das der erste Tag vom Rest meines Lebens ist ... dann stecke ich wirklich bis zum Hals in Problemen.

Ich finde diese Aussage genial! Sie ist gerade so negativ, dass sie gut zu meiner düsteren Lebenseinstellung passt; gleichzeitig ist sie auch witzig und beschreibt treffend, wie wir Menschen versuchen, in den alltäglichen Ungereimtheiten einen Sinn zu sehen und das Leben irgendwie zu bewältigen.

Fazit

Ich denke, all die Strategien, die ich Ihnen in diesem Buch vorgeschlagen habe und die Ihnen helfen sollen, sich hinter Ihrer Mauer hervorzuwagen, lassen sich in vier Hauptpunkte zusammenfassen:

- Wenn wir eine schwere Vergangenheit hatten und jetzt mit einem geringen Selbstwertgefühl zu kämpfen haben, werden wir feststellen, dass wir wegen all des Schlimmen, das wir erleben mussten, eine innere Stärke entwickelt haben, die andere Menschen nicht in diesem Ausmaß haben. (Ich sage hiermit nicht, dass das, was passierte, »gut« war! Ich meine nur, dass es sehr ermutigend sein kann, unsere innere Stärke mit anderen zu teilen und ihnen als ebenfalls »Betroffener« zu helfen. Das kann unscrcm Leben einen neuen Sinn geben.)
- Wir müssen eine wirklich gute Beziehung zu uns selbst aufbauen, für unser inneres Kind sorgen und es lieben, unseren Körper pflegen, uns Zeit zum Meditieren nehmen, anfangen, unsere Träume und Ziele zu verwirklichen und so weiter.
- Wir müssen Liebe, Freude und Frieden an andere weitergeben und werden gerade dadurch, dass wir uns gewissermaßen verschenken, zu uns selbst finden.
- Wenn es Ihnen möglich ist, dann versuchen Sie sich vorzustellen, dass Sie bereits vom Schöpfer angenommen sind. Sie *sind* angenommen und von unvergleichlichem Wert.

Jeder Mensch ist etwas Besonderes

Ich wünsche Ihnen also alles Gute mit Ihrem Regenbogenbuch.

Gehen Sie dieses Buch noch einmal mit einem andersfarbigen Stift durch und versuchen Sie nun einige der Tipps umzusetzen, die Ihnen beim letzten Mal zu schwierig vorkamen.

Vergessen Sie nicht, dass Sie etwas ganz Besonderes sind. Das ist jeder Mensch! Es gibt keine Ausnahmen. Sagen Sie sich jeden Tag, dass Sie etwas Besonderes sind und dass Sie Ihre Träume und Wünsche ernst nehmen und das Beste aus Ihrem Leben machen werden.

Und was immer Sie tun – vergessen Sie nicht, ab und zu von Herzen zu lachen!

Mögen sich die Wege vor deinen Füßen ebnen,
mögest du den Wind im Rücken haben,
möge die Sonne warm dein Gesicht bescheinen
und der Regen sanft auf deine Felder fallen;
und bis wir uns wieder sehen,
möge Gott seine schützende Hand über dir halten.

Nach einem keltischen Segenswunsch

Literaturempfehlungen

Selbstwertgefühl

Jeffers, Susan:
Selbstvertrauen gewinnen – Die Angst vor der Angst verlieren
(Kösel) ISBN 3-466-34402-6

Chisholm, Gloria:
Das Frauen-Mutmach-Buch
(Brockhaus, R.) ISBN 3-417-20520-4

Trobisch, Ingrid:
Du bist eine starke Frau – Auf den Spuren weiblicher Identität
(Brockhaus, R.) ISBN 3-417-20594-8

Innere Heilung

Smedes, Lewis B.:
Vergeben und Vergessen – Über die heilende Kraft der Vergebung
(Francke-Buchh.) ISBN 3-86122-512-3

Bradschaw, John:
Das Kind in uns – Wie finde ich zu mir selbst
(Knaur) ISBN 3-426-87051-7

Smith, James / Foster, Richard:
Dass Gott mich wirklich liebt – Mit dem Herzen glauben
(Brockhaus, R.) ISBN 3-417-24402-1

Auswege aus Angst und Depression

Baker, Roger:
Wenn plötzlich die Angst kommt –
Panikattacken verstehen und überwinden
(Brockhaus, R.) ISBN 3-417-20555-7

Horie, Michiaki / Horie, Hildegard:
Depression – Wege aus dem Dunkel
Eine medizinisch-seelsorgerliche Studie
(Brockhaus, R.) ISBN 3-417-20489-5

Atkinson, Sue:
Mach den ersten Schritt
(Brockhaus, R.) ISBN 3-417-11076-9; nicht mehr lieferbar

Meditation

Adam, David:
Segen – Über mir, vor mir, unter mir –
Gebetserfahrungen aus dem irischen Segen
(Aussaat) ISBN 3-7673-7503-6

Merkel-Braun, Martina (Hrsg.)
Gott halte dich in seiner Hand – Irische Segenswünsche
(Oncken, Wpt.) ISBN 3-7893-7289-7

Persönlichkeitstypen

Littauer, Florence:
Einfach typisch! – Die vier Temperamente unter der Lupe
(Schulte & Gerth) ISBN 3-89437-278-8

Pfeifer, Samuel:
Der sensible Mensch –
Leben zwischen Begabung und Verletzlichkeit
(Brockhaus, R.) ISBN 3-417-11803-4